Der 33-Jahre Rhythmus im Werdegang der Menschheit

Frank Spaan

2022

"Wie die Alten versuchten, die Sterne zu enträtseln und aus deren Konstellationen bestimmten, was sie hier auf der Erde tun wollten, so sollte der Mensch sich bewusst werden, dass er eintreten muss nunmehr in ein Zeitalter, welches nur Not und Elend und Unglück unter die Erdenmenschheit bringen muß, wenn sie sich nicht entschließt, die Konstellationen der Zeitensterne zu lesen im Werdegang der Menschheit."

RUDOLF STEINER

Impressum

★ Bibliografische Information der Deutschen Nationalbibliothek:
Die Deutsche Nationalbibliothek verzeichnet diese Publikation in der Deutschen Nationalbibliografie; detaillierte bibliografische Daten sind im Internet über http://dnb.dnb.de abrufbar.

★ © 2022 Frank Spaan

★ Lektorat: Karin Lanz

★ Herstellung und Verlag: BoD - Books on Demand, Norderstedt

★ ISBN: 978-3-7557-4074-2

★ 1. Auflage, 2022 (das Jahr 2022 ist nach dem neuen Kalender von Rudolf Steiner das Jahr 1989).

★ Eine Nummer in eckigen Klammern [x] verweist auf die Anmerkungen ab Seite 51.

★ Eine hochgestellte Nummer^x verweist auf die Fußnote auf der jeweiligen Seite.

★ GA (Nummer) verweist auf den jeweiligen Band der Rudolf Steiner Gesamtausgabe, Rudolf Steiner Verlag, Basel; www.steinerverlag.com

★ Das obige Zitat ist aus GA 180, Seite 30; weitere Zitate von Rudolf Steiner fangen an mit RST:.

★ Das Bild auf dem Umschlag ist ein Gemälde vom Verfasser mit dem Titel "Auferstehung".

Inhaltsverzeichnis

Kapitel 1

Einführung

RST: "Wenn man zugeben wird, dass man das erst wissen muss auf geistige Art, was in der Menschheit zu geschehen hat, weil es aus dem Weltenall fließt, dann wird man auch erst eine richtige Sozialwissenschaft haben, die wiederum gewollt sein wird aus der Weltenumgebung." [1]

Um das soziale Leben gut und sinnvoll zu gestalten, haben in früheren Zeiten diejenigen Menschen, die an wichtigen Stellen standen, hinauf geschaut in den Sternenhimmel mit seinen Rhythmen.

Rudolf Steiner hat den Weg gewiesen, wie wir heute zu sozialer Gestaltung finden: wir müssen auf die Rhythmen in der Menschheitsentwicklung und namentlich auf den 33-Jahre Rhythmus schauen. *Die neue Astrologie* - so nennt Rudolf Steiner die Einsicht in die Rhythmen im geschichtlichen Werden der Menschheit[2].

An Hand von Rudolf Steiners Vorträgen werden wir

---
[1]GA 350 Seite 288
[2]GA 180, Seite 21

in diesem Buch herausarbeiten, wie dieser Rhythmus gemeint ist. Wir werden dabei klar erkennen können, dass es sich dabei um 33, 66 und 99 ganze Jahre handelt.

Um diesen Rhythmus in der Praxis richtig anwenden zu können, beschäftigen wir uns auch mit dem von ihm vermittelten neuen Kalender, dem sogenannten Seelenkalender. Darin geht das Jahr jeweils von Ostern bis Ostern und deshalb gehen wir auf die genaue Bestimmung des Osterdatums ein. In diesem neuen Kalender wird namentlich die Woche betont und wir kommen zu interessanten Erkenntnissen, die damit zusammenhängen.

Es werden gegenwärtig viele 100-Jahre Jubiläen gefeiert [21]; diese stehen aber nicht in Beziehung zum 33-Jahre Rhythmus. Es handelt sich bei Rudolf Steiners Anweisungen eben nicht um Feiern, sondern darum, im Jetzt den Rhythmus zu erkennen und daraus zu schließen, was im Sozialen für die Zukunft der Menschheit zu tun ist, damit dieses, schauend auf Ereignisse die 33, 66 und 99 Jahre zurückliegen, im Einklang und in Resonanz mit dem Rhythmus des weltgeschichtlichen Werdens steht.

In alten Zeiten hat der Mensch in den Rhythmen der Sterne lesen können, was ihm im Sozialen zu tun obliegt. In ähnlicher Weise muss heute der Mensch in der Menschheitsgeschichte lesen, muss dort die 'Sterne' und deren Konstellationen beobachten, um daraus schließen zu können, was im Sozialen notwendig ist.

RST: "Wie die Alten versuchten, die Sterne zu enträtseln und aus deren Konstellationen bestimmten, was sie hier auf der Erde tun wollten, so sollte der Mensch sich bewusst werden, dass er eintreten muss nunmehr in ein Zeitalter, welches nur Not und Elend und Unglück unter die Erdenmenschheit bringen muß, wenn sie sich nicht entschließt, die Konstellationen der Zeitensterne zu lesen im Werdegang der Menschheit."[3]

Auf die Bedeutung dieses Rhythmus und seinen Zusammenhang mit dem Mysterium von Golgatha wird deutlich hingewiesen:

RST: "In der Zeit von Weihnachten bis zu Ostern schaut im Jahreslauf als einen Teil desselben derjenige, der in ehrlicher und aufrichtiger Weise seinen Sinn verbinden will mit dem Mysterium von Golgatha, ein Bild des dreiunddreißigjährigen Christus-Lebens. Vor dem Mysterium von Golgatha, zu dem ich auch das Weihnachtsmysterium rechne, wiesen die Magier auf den Himmel, wenn sie irgendwelche Geheimnisse, auch über die Menschheitsent-

wickelung, behandeln wollten. Auf die Konstellationen wiesen sie hin. Wie ein Stern sich zum andern stellt, in dem erschauten sie, was hier unten auf der Erde vor sich geht. In dem Augenblicke aber, als sie geschaut haben, was auf der Erde vor sich ging, aus dem Zeichen des Standes der Sonne in der Jungfrau vom 24. auf den 25. Dezember, da sagten sie: Es muß nun auch die Sternenkonstellation in den menschlichen Handlungen auf der Erde selbst in unmittelbarer Weise geschaut werden. Ist Sternenkonstellation in den menschlichen Handlungen? Meine lieben Freunde, lesen können, das ist die Anforderung; lesen können dasjenige, was gemeint ist mit der wunderbaren Anleitung zum Lesen, die in den Jahresmysterien des Christentums gegeben ist, welche Jahresmysterien nur wiederum aufgebaut sind auf den sämtlichen andern Jahresmysterien aller Völker des Erdenlebens. Dreiunddreißig Jahre sind gemeint für die Zeit von Weihnachten zu Ostern. Das muß verstanden werden, das muß ins Auge gefaßt werden. Dreiunddreißig Jahre, so ist die Meinung, sollen vergehen zwischen Weihnachten und Ostern. "[4]

Wenn wir den 33-Jahre Rhythmus richtig und praktisch anwenden wollen, müssen wir ihn verstehen. Dazu schauen wir auf die genauen Angaben Rudolf Steiners zu diesem Rhythmus und wie die Zahl 33 zu verstehen ist. Auch auf das Jahr als solches müssen wir eingehen, weil die Anwendung des Rhythmus zusammenhängt mit Rudolf Steiners neuem Kalender, dem sogenannten Seelenkalender. In diesem

---

[3]GA 180 Seite 30

[4]GA 180 Seite 20f

Kalender geht das Jahr jeweils von Ostern bis Ostern und wir beschäftigen uns deswegen auch mit der Festlegung des Osterdatums. Ein grundlegendes Zitat von Rudolf Steiner zum Begriff 'Kalender' befindet sich im Anhang, Seite 48.

Um die Frage: Was ist der 33-Jahre Rhythmus? beantworten zu können, beginnen wir mit dem Wortlaut Rudolf Steiners und arbeiten uns Schritt für Schritt vorwärts zur grundlegenden Erkenntnis dieses Rhythmus.

An Weihnachten 1917 spricht Rudolf Steiner über einen Rhythmus, den wir im geschichtlichen Werden der Menschheit finden: man kann an Weihnachten eine Initiative für das soziale Leben ergreifen, einen Keim legen, der an Ostern, 33 Jahre später, aufgeht. Seine Beschreibungen dazu finden sich namentlich in den ersten vier Vorträgen in GA 180 [1].

RST: "(...) so sollte sich das Bewusstsein einfinden, daß man soziale Gesetze nur finden kann, wenn man solche Konstellationen im Zeitenlauf zu durchschauen vermag. (...) solcherart das Werden zu erkennen, dass man sich sagt: Was jetzt geschieht, wird auferstehen nach 33 Jahren, es obliegt mir das Jetzige unter der Verantwortung, die aus dieser Idee quillt, zu tun, - das ist das, was verlangt werden muß fernerhin von denjenigen, die in das Leben eingreifen wollen von irgendeinem Gesichtspunkte des Lebens aus. (...) Wie soll es der Mensch machen, wenn er an wichtigen Stellen steht, um zu solchen Entschlüssen zu kommen, die nach 33 Jahren aufgehen können? Er soll nur einmal probieren, unter dem

Einflusse einer solchen Idee die Ereignisse, die 33 Jahre zurückliegen, zu verstehen, und aus dem wirklichen Verständnis wird ihm entspringen das, was er in der Gegenwart zu tun hat: dann wird es in würdiger Weise in 33 Jahren aufgehen können, auferstehen können." [5]

RST: "Und dann, wenn gewissermaßen ein solcher Keim, der gelegt worden ist, ausgereift ist, dann wirkt er weiter. Eine Menschengeneration von dreiunddreißig Jahren reift einen Gedankenkeim, einen Tatenkeim aus. Ist er dann ausgereift, so wirkt er durch sechsundsechzig Jahre weiter noch im geschichtlichen Werden." [6]

Rudolf Steiner führt noch weitere wichtige Eigenschaften des Rhythmus aus; sie werden in diesem Buch im weiteren Verlauf besprochen. Es handelt sich unter anderem um die unterschiedliche 'Durchschlagskraft eines Impulses' (Seite 15), die mögliche Umkehrung von Katastrophalem in Größtes (Seite 15) und was die besten Früchte trägt (Seite 17).

Bevor wir aber genauer anschauen, wie wir heute am Besten in diesem Sinne denken, fühlen und handeln können, ist es gut uns zuerst zwei Fragen zu stellen:

* Was ist eigentlich ein Rhythmus?

* Wie sollen wir die Zeitspanne von 33 Jahren konkret verstehen?

Darauf gehen wir im nächsten Kapitel ein.

---

[5] GA 180 Seite 35 und 37
[6] GA 180 Seite 60

Kapitel 2

Rhythmus und Zahl

RST: "Aber das Wirken der Zahl in der Welt ist ein solches, das auf Wesenhaftigkeit beruht, und diese Wesenhaftigkeit muß man durchschauen." [1]

2.1 Rhythmus

Für die praktische Anwendung des 33-Jahre Rhythmus brauchen wir die Erkenntnis, dass der Rhythmus mit Geistigem zu tun hat:

RST: "Rhythmische Vorgänge sind weder in der Natur, noch im Menschen etwas Physisches. Man könnte sie halbgeistig nennen. Das Physische als Ding verschwindet im rhythmischen Vorgang." [2]

RST: "Jedes Schlafen führt den Menschen nicht nur, wie man oftmals sagt, außerhalb seines physischen Leibes, sondern es führt ihn außerhalb des gewöhnlichen Raumes. Es führt ihn in eine Welt, die überhaupt nicht verwechselt werden darf mit der Welt, die sinnlich angeschaut werden kann. Aus dieser Welt heraus ist aber alle Gesetzmäßigkeit, welche zugrunde liegt dem rhythmischen Menschen, jenem Menschen, der sein Flüssigkeitselement und auch sein Luftelement mit Rhythmus durchorganisiert. Der Rhythmus erscheint im Raume, aber der Quell des Rhythmus, die Gesetzmäßigkeit, welche den Rhythmus hervorbringt, die strömt in jedem Punkte des Raumes aus außerräumlichen Tiefen hervor. Die wird überall reguliert von einer realen Welt, die jenseits des Sinnesraumes ist." [3]

Auch der jetzige Zeitgeist Michael hat mit Rhythmen zu tun:

RST: "Das westliche Geistesleben darf zum Erkennen das Ich nicht unterdrücken. Es muss das Ich an die Wahrnehmung des Geistigen heranbringen. Es kann das nicht geschehen, wenn man von der sinnenfälligen in die rhythmische

---

[1] GA 223 Seite 52
[2] GA 26 Seite 221ff

[3] GA 205 Seite 72

Welt so vordringt, dass man im Rhythmus nur das Halbgeistig-Werden des Physischen erlebt. Man muß vielmehr die Sphäre der Geistwelt finden, die im Rhythmus sich offenbart. Zweierlei ist also möglich. Erstens: Erleben des Physischen im Rhythmischen, wie dieses Physische halbgeistig wird. Es ist dies ein älterer, heute nicht mehr zu betretender Weg. Zweitens: Erleben der Geist-Welt, die den Weltenrhythmus in und außerhalb des Menschen so zu ihrer Sphäre hat, wie der Mensch die Erdenwelt mit ihren physischen Wesen und Vorgängen. Zu dieser Geist-Welt nun gehört alles, was im gegenwärtigen kosmischen Augenblicke durch Michael geschieht. Ein Geist wie Michael bringt dasjenige, was sonst im luziferischen Gebiet liegen würde, dadurch in das der rein menschlichen Entwickelung - die von Luzifer nicht beeinflusst ist -, dass er die rhythmische Welt zu seinem Wohnplatz erwählt. Angeschaut kann das alles werden, indem der Mensch in die Imagination eintritt. Denn die Seele lebt mit der Imagination im Rhythmus; und Michaels Welt ist diejenige, die im Rhythmus sich offenbart." [4]

Wir sehen, dass der Rhythmus halb-geistig ist, sich nicht nur in der sinnlichen, sondern auch in einer geistigen Welt abspielt und hinter ihm geistige Wesenheiten stehen. Wir müssen dem Rhythmus geistig Wesenhaftes zuschreiben.

---

[4]GA 26 Seite 221f

2.2   Maß, Zahl, Gewicht

Um einen Rhythmus zahlenmäßig vollständig zu beschreiben, braucht es dreierlei:

* das, was man zählen wird um die Zeit zu bestimmen, zum Beispiel einen Tag, einen Monat oder ein Jahr; man nennt dieses die Einheit, die gezählt wird oder das Maß

* die Zahl selbst, zum Beispiel sieben Tage

* die Qualität dessen, was man zählt; der eine Tag kann bedeutender sein als der andere, mehr oder weniger Gewicht haben

So haben wir immer mit Maß (zum Beispiel eine Zeitdauer), Zahl und Gewicht (im Sinne von Bedeutung) zu tun. Dass diese drei tatsächlich auch geistig wesenhaften Charakter in sich tragen, dem gehen wir im Folgenden nach:

Das Maß beim Zählen hat oft mit Wesenhaftem zu tun; in der Sprache finden wir Andeutungen dazu, so werden in einigen Sprachen, die sonst eigentlich nur Namen von Menschen groß schreiben, auch die Tage der Woche und die Monate groß geschrieben.

Wesenheiten können wir aber nur mit ganzen Zahlen zählen wir können ein Wesen nicht in Bruchteilen beschreiben: was wäre ein Drittel Mensch? So kommen wir für die Zahlen darauf, dass wir mit ganzen Zahlen arbeiten müssen, weil das Maß, die Rhythmuseinheit, zum Beispiel das Jahr, wesenhaft ist.

Eine bestimmte Dauer von Tagen oder Jahren muss

also in ganzen Zahlen angegeben werden, da der Tag und das Jahr Wesenhaft sind. Wir haben es entweder mit 2 oder 3 Tagen oder Tag-Wesen zu tun, nicht mit 2.25 Tagen oder ähnlichem.

Wir können natürlich dazu übergehen, die 2.25 Tage beschreiben zu wollen als 2 Tage und 6 Stunden - dann zählen wir aber eine andere Einheit, ein anderes Wesen, in diesem Falle 54 Stunden. Das Wesen und die Zahl verändern sich sofort.

Welche Einheit und welche Zahl wir nehmen ist grundlegend für den Umgang mit Rhythmen.

Ein Beispiel ist das Ostergeschehen, das auch nach Rudolf Steiner drei Tage dauert: Freitag, Samstag und Sonntag. Wir könnten auch anders rechnen: vom Tod am Kreuz am Karfreitag 15 Uhr bis zur Auferstehung am Ostersonntag, sagen wir um 6 Uhr, das sind $1\frac{5}{8}$ Tage. Wir könnten noch weiter gehen und auch in Stunden (hier 39), in Minuten oder in Millisekunden[5] rechnen. Es ist dann die Frage, ob auch die Stunde, die Minute und die Millisekunde Wesenhaftes haben, das heißt, ob wir eine Zeiteinheit, das Maß, beliebig bestimmen können. Es geht aber letztlich darum, dass wir uns fragen, was wir eigentlich betrachten wollen, worum es uns letztendlich geht, was für uns das Wesenhafte ist.

Für Rudolf Steiner ist das Ostergeschehen offensichtlich etwas, das mit Tagen zusammenhängt und er spricht deswegen in diesem Zusammenhang von drei Tagen.

Jetzt betrachten wir den 33-Jahre Rhythmus. Bei dem 33-Jahre Rhythmus nach Rudolf Steiner handelt es sich um die Zahl 33 und um das Jahr als wesenhafte Zeiteinheit.

Wir müssen uns aber klar sein darüber, wie wir das Jahr definieren wollen. Rudolf Steiner hat 1912 einen neuen Kalender konzipiert, in dem das Jahr von Ostern zu Ostern geht. Jedes Jahr hat unterschiedliche Daten, wann es anfängt und aufhört und damit eine unterschiedliche Anzahl von Tagen. Diese variierende Jahreslänge hängt mit dem Gewicht (Bedeutung) des Jahres zusammen, wie wir später sehen werden.

Wir sehen hier wie Maß, Zahl und Gewicht zusammen betrachtet werden müssen, wenn es ums Rechnen geht. Wir brauchen diese drei in ihrem Zusammenhang wenn wir geistgemäß, das heißt wirklichkeitsgemäß, rechnen wollen. Namentlich wenn Statistik angewendet wird, verfallen wir schnell in Unwirklichkeiten - das Gewicht, die Qualität, fehlt meistens als Parameter (siehe auch das Zitat im Anhang auf Seite 47). Auch ist uns oft nicht voll bewusst was genau das Maß ist, das wir zählen. Rudolf Steiners Darstellung des 33-Jahre Rhythmus ist dagegen ein Musterbeispiel, wie wir mit Maß, Zahl und Gewicht in richtiger Weise umgehen.

RST: "Sie (die qualitative Arithmetik) hat ein Schöpferisches in dem Begriff der Zahl, der in dem Satz enthalten ist:

'Denn Gott hat die Welt geordnet nach Maß, Zahl und Gewicht' [2].

---

[5]Dazu kommt, dass die Tageslänge auch in Millisekunden variiert, siehe zum Beispiel www.timeanddate.com

Er hat sie wahrlich nicht so geordnet wie etwa ein General seine Truppen ordnet, sondern nach der schöpferischen, qualitativen, analytischen Zahlenordnung." [6]

2.3   Wie viel ist 33?

Die Erkenntnis, dass wir ganze Zahlen brauchen, wenn es sich um Wesenhaftes handelt, steht im Einklang mit der Art und Weise wie Rudolf Steiner die Zeitspanne von 33 Jahren beschrieben hat. Mit dieser Erkenntnis schauen wir jetzt den 33-Jahre Rhythmus genauer an.

Wir beginnen mit dem folgenden Zitat aus 1917:

RST: "Daraus folgt, dass das Weihnachtsfest, das wir dies Jahr feiern, erst gehört zu dem Osterfeste, das in dreiunddreißig Jahren kommen wird, und daß das Osterfest, das wir in diesem Jahre (1917) feierten, zu dem Weihnachtsfeste gehört vom Jahre 1884. 1884 feierte die Menschheit ein Weihnachtsfest, welches zu dem diesjährigen Osterfest gehört. Und das Weihnachtsfest, das wir in diesem Jahre feiern, das gehört nicht zu dem Osterfeste des nächsten Jahres, das gehört zu dem Osterfeste, das dreiunddreißig Jahre darauf folgen wird. Eine vollständige Menschheitsgeneration ist die Zeit von dreiunddreißig Jahren, so rechnet man. Eine Menschheitsgenerationszeit muss vergehen zwischen dem zusammengehörigen Weihnachts- und Osterfeste." [7]

---

[6]GA 343 Seite 527
[7]GA 180 Seite 21

Schauen wir dieses Zitat genauer an: in der oben stehenden Berechnung wird ausgegangen von Weihnachten 1884; zählen wir zunächst 30 Jahre weiter, dann ist es Weihnachten 1914.

Von Weihnachten 1914 bis Ostern 1917, sind dann noch etwa $2\frac{1}{4}$ Jahre, gerechnet nach dem neuen Kalender, in dem das Jahr von Ostern zu Ostern geht:

Weihnachten 1914 bis Ostern 1915 — etwa $\frac{1}{4}$ Jahr
Ostern 1915 bis Ostern 1916 — 1 Jahr
Ostern 1916 bis Ostern 1917 — 1 Jahr

Wenn wir aber ganze Zahlen berücksichtigen, sind es also 3 wesenhafte Jahre, obwohl in Bruchteilen etwa $2\frac{1}{4}$ Jahr. Dieses führt insgesamt also nicht zu $32\frac{1}{4}$ Jahren, sondern für Weihnachten 1884 (30 Jahre früher als Weihnachten 1914) bis Ostern 1917 ergeben sich dann in ähnlicher Weise 33 wesenhafte Jahre.

So spricht Rudolf Steiner über 33 Jahre.

Siehe auch Abbildung 2.1, wo die übliche Jahreseinteilung und diejenige, die von Ostern bis Ostern geht (nach dem neuen Kalender von Rudolf Steiner) nebeneinander gezeigt werden (siehe Kapitel 3.1).

Die gewöhnlichen Daten sind in der Mitte aufgelistet, nach oben geht es in die Zukunft. Links davon (gestrichelte Linie) ist die ganze Periode von Weihnachten bis Ostern dargestellt. Rechts (punktierte Linie) die Jahre vom 1. Januar bis 31. Dezember. Links außen (graue Linie) sind die Jahre dargestellt, die von Ostern bis Ostern gehen. Das, was an Weihnachten 1884 impulsiert wird (hier angegeben in Jahr 1), geht auf an Ostern 1917 (hier am Ende des 33. Jahres, also nach etwa $32\frac{1}{4}$ Jahr). Siehe auch Anmerkung [3].

An anderer Stelle finden wir bei Rudolf Steiner folgendes Beispiel, es handelt sich um das Leben Goethes nach seinem Tode am 22. März 1832, die erwähnte Zahlen wurden auch an die Tafel geschrieben[8]:

RST: "Ein Beispiel : 1832 ist Goethe gestorben. Das Zeitalter, das der ersten Generation nach seinem Tode angehört, bis 1865, das war nicht so, dass in es viele Kräfte von seinem Geist aus hereinspielten.
Ich wähle ein Beispiel; selbstverständlich spielen auch von anderen Menschen die Kräfte ebenso herein, es ist nur ein repräsentatives Beispiel.
Also bis zum Jahre 1865 würde derjenige, der auf Goethes Seele die Aufmerksamkeit gerichtet hätte, wenig bemerkt haben von einem Hereinspielen seiner Kräfte. Dann, nach den ersten 33 Jahren, beginnt schon das, was in unsere Erdenentwickelung von ihm her hereinspielt aus der geistigen Welt. Und immer stärker und stärker wurde das bis zum Jahre 1898. Wenn man es dann weiter verfolgt, über dieses Zeitalter hinaus, so kann man sagen: Die erste Periode des Hereinspielens der übersinnlichen Kräfte Goethes in unsere Erdenkultur ist also 1865 bis 1898. Wie gesagt, bis 1865 war es nicht bedeutsam, dann beginnt es. Nach 33 Jahren haben wir dann 1931 den Ablauf einer weiteren Periode, und das würde die zweite sein. Und 1964 hätten wir dann den Ablauf der dritten Periode." [9]

Die Reihe

$$1832 - 1865 - 1898 - 1931 - 1964$$

ist eine reine *33-Jahre* Reihe.

Zum Schluss verweisen wir auf ein Thema, das zwar nicht in direktem Bezug steht zum 33-Jahre Rhythmus, aber in diesem Zusammenhang doch interessant ist:

Rudolf Steiner bespricht an anderen Stellen auch das Jahr 333 und seine Verdoppelung, das Jahr 666. Er gibt an, dass die zweite Wiederholung vom bedeutenden Jahre 666 im Jahre 1998 stattfindet[10]. Hier handelt es sich also auch um das Jahr als Rhythmuseinheit und um ganze Zahlen.
Weiter kann uns auffallen, dass 333 nicht eine Vielzahl von 33 Jahren ist; das gleiche gilt für 666. Es handelt sich bei 333 offensichtlich um einen anderen, selbstständigen Rhythmus.

Ein wichtiges Jahr ist auch 1899, in das das Ende des finsteren Zeitalters fällt. 3×33 Jahre später ist es 1998 - letzteres hängt zusammen, wie wir gerade gesehen haben, mit dem Jahr 0 durch die Zahlen 666 und 333; diese aber basieren nicht auf die Zahl 33. Hier scheint eine besondere Verbindung zwischen beiden, 33 und 333, zu sein.

---

[8]Siehe Wandtafelzeichnungen zum Vortragswerk 2, Seite 57, Tafel 19 zu GA 194.

[9]GA 194 Seite 210-211
[10]Siehe dazu auch Kapitel 6.1.2

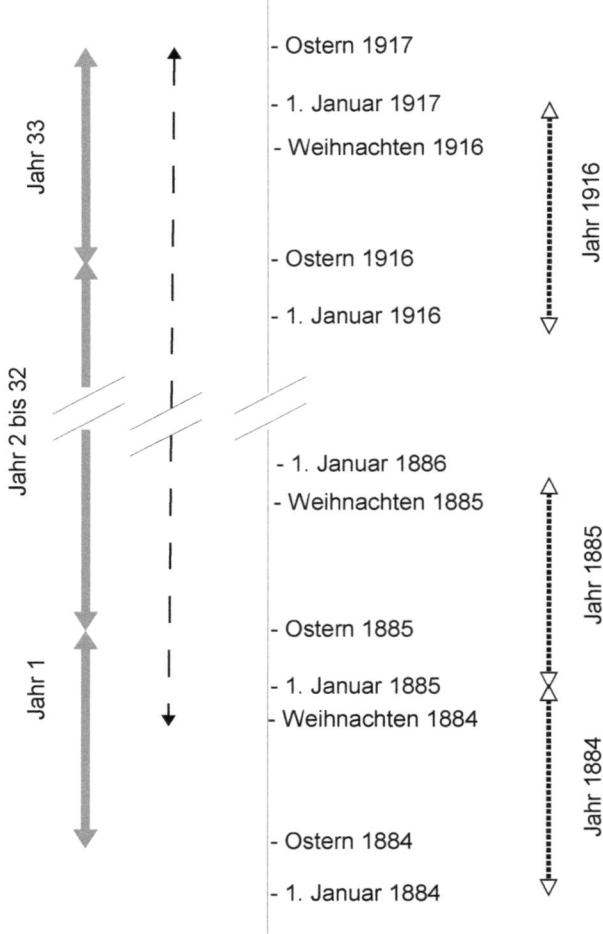

Abbildung 2.1: *Vergleich zwischen traditionellen Kalendern und dem neuen Kalender von Rudolf Steiner; siehe Text.*

2.4 Eigenschaften des Rhythmus

Rudolf Steiner stellt noch zwei weitere Eigenschaften des 33-Jahre Rhythmus konkret dar.

Die erste Eigenschaft bezieht sich auf das Qualitative des Rhythmus: wie stark der Weihnachtsimpuls eines bestimmten Jahres wirkt, hängt ab von dem Osterdatum, das damit zusammenhängt.

RST: "Es liegt aber noch ein tieferer Sinn darinnen, die Zeit von Weihnachten zu Ostern für die einzelnen Jahre verschieden zu machen. Wir wissen ja, dass das Weihnachtsfest eigentlich zusammengehört mit dem Osterfest, das dreiunddreißig Jahre später liegt. Diese Zeit ist allerdings, insofern sie die Zeit ist für die Auswirkung weltgeschichtlicher Keime, fest. Aber etwas anderes ist nicht fest und das ist das Folgende: Es geschehen gewisse Impulse - nennen wir sie Weihnachtsimpulse - in einem bestimmten Jahre, andere im nächsten Jahre, andere im weiteren nächsten Jahre und so weiter. Die aufeinanderfolgenden Weihnachtsimpulse sind keineswegs von gleicher Stärke im geschichtlichen Werden, sondern die einen wirken stärker, die andern wirken schwächer. Es kann zum Beispiel sein, daß in einem bestimmten Jahre die Impulse, die gelegt werden, von geringerer Durchschlagskraft in den nächsten dreiunddreißig Jahren sind als die Impulse des nächsten Jahres für die nächsten dreiunddreißig Jahre und so weiter. Dies wird angedeutet dadurch, dass die Zeit zwischen Weihnachten und Ostern länger oder kürzer ist. Also auch diese Beweglichkeit des Oster-festes weist auf etwas hin, was der Mensch gar wohl studieren soll, wenn er wirklich verstehen will, wie die Ereignisse im geschichtlichen Werden wirken. [11]

Hier kann die Frage auftauchen: welches Ostern Rudolf Steiner gemeint hat: "Dies wird angedeutet dadurch, dass die Zeit zwischen Weihnachten und Ostern länger oder kürzer ist." Ist es das Ostern folgend auf dasjenige Weihnachten, in dem der Keim gelegt wurde, oder das Ostern 33 Jahre danach? Wir gehen in Kapitel 4.1 tiefer darauf ein.

Die zweite Eigenschaft des 33-Jahre Rhythmus bezieht sich darauf, dass von Weihnachten zu Ostern 33 Jahre später sich Katastrophales in Größtes wandeln kann.

RST: "Wir leben in einer katastrophalen Zeit (Dezember 1917). Es wäre natürlich durchaus falsch, wenn man glauben wollte, daß dasjenige, was im Weihnachtssinn katastrophal ist, auch im Ostersinn katastrophal sein müsste. Aus dem Katastrophalen von heute kann sich allerdings gerade das Umgekehrte, das Größte des Menschenschaffens ergeben, wenn die Menschheit Mittel und Wege findet, um von dem zu lernen und mit geradem Sinne hinzuschauen auf dasjenige, was eingetreten ist. " [12]

Hier werden wir angeregt darüber nachzudenken wie wir, zurückblickend auf Fehler der Vergangenheit, diese durch eine freie Tat zum richtigen Zeitpunkt in Gutes wandeln können. Oder in anderen Worten:

[11]GA 180 Seite 62-3
[12]GA 180 Seite 71

RSt: "Wer in sich die Neigung zum Schaffen
entwickelt, der findet auch bald die Fähigkeit,
sich dem Schlechten gegenüber richtig zu
verhalten (GA 10 Seite 112)."

Abbildung 2.2: *Grundsteinlegung 1913 - Ausschnitt
aus einem Gemälde des Verfassers.*

Kapitel 3

Zur Anwendung

Wie können wir heute die Erkenntnis dieses 33-Jahre Rhythmus fruchtbar anwenden?

RSt: "Die Frage kann aufgeworfen werden: Wie soll es der Mensch machen, wenn er an wichtigen Stellen steht, um zu solchen Entschlüssen zu kommen, die nach dreiunddreißig Jahren aufgehen können? Er soll nur einmal probieren, unter dem Einflusse einer solchen Idee die Ereignisse, die dreiunddreißig Jahre zurückliegen, zu verstehen, und aus dem wirklichen Verständnis wird ihm entspringen das, was er in der Gegenwart zu tun hat: dann wird es in würdiger Weise in dreiunddreißig Jahren aufgehen können, auferstehen können." [1]

Wir können also, wenn eine wichtige Entscheidung bevorsteht, 33 Jahre zurückschauen und entsprechend handeln, weil die jetzige Situation sich in einem Rhythmus befindet und deshalb in Resonanz mit Geschehnissen aus der Vergangenheit steht. - Es bleibt aber nicht bei 33 Jahren, es geht darüber hinaus:

RSt: "Und dann, wenn gewissermaßen ein solcher Keim, der gelegt worden ist, ausgereift ist, dann wirkt er weiter. Eine Menschengeneration von dreiunddreißig Jahren reift einen Gedankenkeim, einen Tatenkeim aus. Ist er dann ausgereift, so wirkt er durch sechsundsechzig Jahre weiter noch im geschichtlichen Werden." [2]

Wir schauen also bei einer wichtigen sozialen Entscheidung 33 Jahre zurück und lassen uns dadurch inspirieren. So wird unsere Entscheidung ein Keim, der nach wieder 33 Jahren ausgereift sein wird. Dann wirkt er noch zwei Mal 33 Jahre weiter.

Wie kann uns das am besten gelingen?

RSt: "Welche Gedanken werden denn die besten Weihnachtsgedanken sein? Welche werden nach dreiunddreißig Jahren die besten Früchte tragen? Diejenigen werden es eben sein, die davon ausgehen, in ehrlicher und aufrichtiger Weise wirklich nach neuer Erfassung der Welt,

---

[1] GA 180 Seite 37

[2] GA 180 Seite 60

nach neuer Erfassung der Wirklichkeit zu suchen. Sehnsucht entwickeln nach dem, was die Welt in neuem Sinne zu offenbaren hat, das sind die besten Weihnachtsgedanken; nicht stehenbleiben wollen bei demjenigen, was das Alte ist." [3]

Ein Keim, der im Jahre 2016 gelegt wird und im Jahre 2049 aufgehen wird, unterliegt dem Rhythmus der Impulse aus den Jahren 1983, 1950, 1917. Für rhythmische Prozesse ist es wichtig in Resonanz zu sein, um möglichst genau zum richtigen Zeitpunkt einen neuen Impuls zu geben. So ist $3 \times 33 = 99$ Jahre nach 1917 das Jahr 2016; genau in diesem Jahr benötigte die Arbeit mit dem 33-Jahren Gesetz, das im Jahr 1917 von Rudolf Steiner geoffenbart wurde, einen neuen Impuls.

Den hier vorliegende Text, in einfacherer Form, hat der Verfasser deswegen am Ostern 2016 dem Sektionsleiter der Mathematisch-Astronomischen Sektion der Freien Hochschule für Geisteswissenschaft übergeben und schlug ihm eine Zusammenarbeit mit der Sektion für Schöne Wissenschaften - die zuständig ist für Geschichte - vor [4].

Viele Keime, die Rudolf Steiner für die Menschheit gelegt hat, haben in unserer Zeit mit 99 Jahren ihre Reife- und Wirkungszeit vollendet. Wir können in dem jeweiligen Jahr darauf zurückschauen, und aus Enthusiasmus einen neuen Impuls für das geschichtlichen Werden der Menschheit - einen Weihnachtsgedanken - in die Welt bringen.

Bei Rhythmen ist es wichtig die Periode genau zu

---

beachten. Die Wirkung des Impulses kann nur mit dem Rhythmus mitschwingen und dadurch an Stärke gewinnen, wenn dieser Impuls zum richtigen Zeitpunkt, nicht nach 98 oder 100 Jahren, sondern genau nach 99 Jahren gegeben wird. Wird der richtige Zeitpunkt verpasst, entsteht ein geistiges Vakuum, in dem sich Gegenkräfte wirksam zeigen können; bildlich gesprochen: wenn ein Haus zwar fertig gebaut, aber noch unbewohnt ist.

3.1   Der neue Kalender

Wenn wir die jetzt gewonnene Erkenntnis der Bedeutung der 33 Jahre im konkreten Leben anwenden wollen, brauchen wir einen Kalender.

Rudolf Steiner hat im Jahr 1912, 33 Jahre nach dem bedeutsamen Jahr 1879, einen neuen Kalender eingeführt, der an bestimmten Punkten abweicht von den traditionellen Kalendern. Er orientiert sich nicht an der Geburt des Jesus, sondern am Mysterium von Golgatha, am Ostergeschehen. Jedes Jahr geht dann von Ostern zu Ostern. Es ist der sogenannte Seelenkalender, der für jede Woche des Jahres, gerechnet jeweils ab Ostern, einen Wochenspruch von Rudolf Steiner enthält. Ebenfalls hat Rudolf Steiner neue Symbole für die Tierkreiszeichen angedeutet und Imme von Eckhardtstein hat damals diesen neuen Impuls aufgegriffen. Dieser Kalenderimpuls wird auch heute noch weitergeführt [5].
Rudolf Steiner hat dreimal ein Vorwort zum Seelenkalender geschrieben, seine Worte zeigen die Tiefe und die Bedeutung dieses Kalenders; siehe im Anhang das Zitat auf Seite 48.

---

[3]GA 180 Seite 72

Wenn wir jetzt diesen neuen Kalender im Leben anwenden wollen, können wir uns zunächst folgende Fragen stellen:

⋆ In welchem Jahr leben wir jetzt?

⋆ An welchem Datum im Jahr findet Ostern statt?

Diesen Fragen werden wir im Folgenden nachgehen.

3.2 Das Kalenderjahr

Wir wollen jetzt herausfinden in welchem Jahr wir, gezählt nach dem neuen Kalender von Rudolf Steiner, leben. Um zu zeigen, wie wir solch eine Berechnung anstellen können, gehen wir zum Beispiel vom Sommer 2020 aus und wollen wissen, in welchem Jahr, gerechnet nach dem neuen Kalender, wir im Sommer 2020 lebten. Wir gehen dabei von einer Aussage Rudolf Steiners in einem Vortrag vom 23. April 1912 aus (einige Wochen nach Ostern) in dem er sagt:

RST: "Mit dem Mysterium von Golgatha ist gegeben die Geburt des Ich-Bewußtseins innerhalb der Menschheit. Und diese Tatsache wird allmählich immer mehr und mehr in der geistigen Kultur unserer Erde erkannt werden als bedeutsam für alle Zukunft der Menschheit. So wird man nach und nach verstehen, daß es gerechtfertigt ist, das Jahr 1879 zu zählen heute, das heißt 1912 weniger 33. Damit ist auch gegeben, daß die Zeit gerechnet wird von Ostern zu Ostern, daß wir nicht mit dem Januar beginnen, weil, wenn man in der Geburt des Ich-Bewußtseins etwas Wesentliches sieht für die geistige Menschheitsentwickelung, es

auch gerechtfertigt ist, jedes Jahr daran erinnert zu werden, indem diese Geburt des Ich-Bewußtseins selber bezogen wird auf Verhältnisse des Mikrokosmos und Makrokosmos." [4]

Rudolf Steiner sprach diese Worte am 23. April 1912 - in jenem Jahr fiel Ostern auf den 7. April 1912 und das Jahr 1879 nach dem neuen Kalender hatte also gerade begonnen.

Nehmen wir jetzt Ostern 2020, dann sind das 108 Jahre nach Ostern 1912.

Ab Ostern 1912 schreiben wir das Jahr 1879.

Ab Ostern 2020 schreiben wir das Jahr 1879 + 108 = 1987 des neuen Kalenders und dieses dauert bis Ostern 2021. Für Sommer 2020 gilt also das Jahr 1987.

Dieses Jahr dauert 357 Tage, bis zum nächsten Ostern im Jahr 2021. Weiteres zu den Jahreslängen folgt im Kapitel 3.3.

Vorsicht vor dem zu einfachen Subtrahieren: im Sommer 2020 ist zwar die Differenz 2020 minus 1987 = 33 Jahre, aber ab Januar 2021 wird die Differenz 2021 minus 1987 = 34 Jahre bis Ostern 2021. Wir müssen also nicht nur mit 33 Jahren Unterschied rechnen, sondern auch mit einer Verschiebung.

Wir können auf die angedeutete Weise für jedes bedeutsame Jahr das entsprechende Jahr nach dem neuen Kalender von Rudolf Steiner finden, oder umgekehrt.

Zum Schluss schauen wir ob diese Erkenntnisse uns etwas sagen über das Geburtsjahr des Jesus; dies ist ein Thema, das immer noch viel diskutiert wird in

---

[4]GA 133 Seite 62

der entsprechenden Literatur.

Ostern fand im Jahre 33 statt - dies ist, wie wir gesehen haben, eine klare Aussage Rudolf Steiners. Wir nehmen jetzt an, dass die Geburt des Jesus dem 33 Jahren Rhythmus entspricht. Damit kommen wir auf dasjenige Weihnachten, das etwa $32\frac{1}{4}$ Jahre vorher liegt. Daraus folgt, dass etwa eine Woche danach das Jahr 1 anfängt, um nach $32\frac{1}{4}$ Jahren an Ostern des Jahres 33 anzukommen. Die Geburt des Jesus ist in dieser Weise auf Weihnachten des Jahr 0 zu legen.[5]

Wie bekannt, wird von Rudolf Steiner dargestellt, dass es sich eigentlich um zwei Jesusknaben handelt. Wie die Geburt des einen und die des anderen Jesusknaben und die des Johannes des Täufers chronologisch zusammenhängen könnten, wird in verschiedenen bekannten Publikationen besprochen.[6]

3.3 Ostern

Das Jahr des neuen Kalenders nach Rudolf Steiner geht von Ostern bis Ostern und es ist wichtig zu wissen, an welchem Datum Ostern jeweils stattfindet. Ostern kann an unterschiedlichen Tagen im Jahr stattfinden; diese Daten können mehr als einen Monat auseinander liegen. Gerade im Jahr 2019 waren die Kirchen, die Astronomen und verschiedene andere an Ostern interessierte Menschen unterschiedlicher Meinung über das richtige Osterdatum und es ergaben sich große Unterschiede in

den Berechnungen.

Wir stellen also auch hier die Frage: an welchem Datum im Jahr findet Ostern statt?

Aus verschiedenen Perspektiven wurden in der Vergangenheit jeweils verschiedene Argumente für dieses oder jenes Datum gefunden basierend auf kirchlicher, astrophysischer, historischer, esoterischer oder sonstiger Quellen.

Hier versuchen wir aber von neuem aus den grundlegenden Tatsachen heraus eine Antwort zu finden in der das Sinnliche und das Geistige zusammenfallen.

Dazu müssen wir in gewisser Weise zwei Seiten zusammenbringen: einerseits die Tatsache, dass der Christus am ersten Ostersonntag auferstanden ist und andererseits müssen wir die kosmischen Tatsachen in Betracht ziehen und in den Kosmos schauen, wo die Phänomene eine bestimmte Konstellation bilden.

Ostern wird zunächst festgelegt auf den ersten Sonntag nach dem ersten Vollmond nach der Tag-und-Nacht-Gleiche im Frühling. Die daraus folgenden kosmischen Aspekte sind dreierlei:

1. Tag-und-Nacht-Gleiche
   Nach der Frühlings-Tag-und-Nacht-Gleiche ist der Tag länger als die Nacht.

2. Vollmond
   Nach dem Vollmond ist die Stärke des Mondlichtes abnehmend.

3. Sonntag
   Der erste Tag der Woche, der Auferstehungstag.

---

[5]Das Jahr 0 wird in einigen Kalendern als Jahr -1 aufgefasst wobei man zurück zählend von Jahr 2 auf 1 und dann direkt auf -1 übergeht, ohne Jahr 0.

[6]Siehe zum Beispiel: Ormond Edwards, "Chronologie des Lebens Jesu", Verlag Urachhaus.

Der erste kosmische Aspekt, die Tag-und-Nacht-Gleiche, wird oft auch beschrieben als der Moment, an dem die Sonne im Frühlingspunkt steht. Der 21. März wird in der Regel auf diesen Tag gelegt.

Wir können diesen Moment zusammenbringen mit der Auferstehung Christi. Das entsprechende kosmische Symbolum dafür ist die Erkraftung des Sonnenlichtes, das Länger-werden des Tages. Das Tageslicht dauert länger als das Nachtdunkel. Mehr astronomisch gesprochen ist die Tag-und-Nacht-Gleiche der Moment, an dem die Erdachse senkrecht auf der Linie Sonne-Erde steht. Dieser Moment ist für alle Orte der Erde gleich und kann genau bestimmt werden.

Der große Unterschied für die zwei Hemisphären der Erde besteht darin, dass, wenn auf der Nordhemisphäre, nach der Tag-und-Nacht-Gleiche die Tage länger werden, sie auf der Südhemisphäre kürzer werden; ein halbes Jahr später ist es umgekehrt.

Ob in der Christengemeinschaft [7] oder in anderen religiösen Bewegungen deswegen Ostern auf der Südhemisphäre in einem anderen Moment als auf der Nordhemisphäre im Jahr gefeiert werden soll, ist bis jetzt eine offene Frage [8].

Es handelt sich darum, sich klar zu machen, was der Feier eigentlich zugrunde gelegt wird.

Das kann ein Geschehen sein, das mit dem Frühlingszustand der Erde zu tun hat, der sich auf den beiden Hemisphären zu unterschiedlichen Zeiten einstellt.

Es kann auch das Leben des Christus-Jesus zugrunde gelegt werden, das im Jahr abgebildet wird - die Geburt an Weihnachten im Dezember und so weiter; damit hat die Jahreszeit nicht direkt etwas zu tun [9].

Bei dem zweiten kosmischen Aspekt handelt es sich um den Vollmond. Es geht darum, dass das Mondlicht anfängt abzunehmen man könnte sagen, die Todeskräfte sind besiegt und werden immer weniger. Astronomisch gesehen ist dies der Moment in dem der Mond, die Sonne und die Erde sich auf einer Geraden befinden. Die Lichtkraft des Mondes hat ein bestimmtes Maximum, danach nimmt sein Licht ab. Diesen Moment können wir genau bestimmen.

Dass wir manche dieser Phänomene nicht direkt visuell wahrnehmen können ist zwar wahr, das gilt aber auch für die Frage in welchem Sternbild die Sonne jetzt steht und so weiter. Es sind Phänomene die wirken und eine Rolle spielen, auch wenn wir sie nicht unmittelbar wahrnehmen können.

Was wir jetzt besprochen haben zu den zwei ersten kosmischen Aspekten, gilt streng genommen nur in der Ekliptik-Ebene.

Der dritte kosmische Aspekt ist mehr irdisch und hat anstatt mit räumlichen Verhältnissen mit der Zeit zu tun. Rudolf Steiner hat darüber das folgende gesagt:

RST: "Damit tritt aber noch etwas anderes ein. Wenn in denjenigen Zeiten, in denen das Wichtigste auf der Erde auf das flutende Mondenlicht bezogen wurde, Feste festgesetzt wurden, dann wurden sie rein festgesetzt nach dem, was man im Raume beobachten konnte: wie der Mond stand zu den Sternen. Man entzifferte den Sinn, den der Logos in den Raum hineingeschrieben hatte, um Feste festzusetzen. Wenn Sie sich die Festsetzung des

Osterfestes, wie wir es jetzt haben, ansehen, so werden Sie sehen, die Raumesfestsetzung geht bis zu einem gewissen Punkte, bis zu dem Punkte, an dem man sagen kann: Es ist der Vollmond nach Frühlingsbeginn. - Bis daher alles raumhaft. Jetzt aber fällt man aus dem Raum heraus: Sonntag nach dem Frühlingsvollmond, Sonntag, wie er nicht räumlich festgesetzt wird, wie er im Zyklus des Jahreskreislaufes festgesetzt wird, wie sich im Zyklus der Wochentage immer folgen Saturntag, Sonntag, Montag, Dienstag, Mittwoch, Donnerstag, Freitag, Saturntag und so weiter, immer im Kreislauf. Jetzt tritt man aus dem Raum heraus, indem man von der räumlichen Festsetzung der Mondenkonstellation zu dem reinen zeitlichen Verlaufe im Jahreszyklus der Sonntage übergeht." [7]

Wir haben es mit der Zeit zu tun, mit der Woche. Es handelt sich hier um den ersten Tag der Woche, um den Sonntag. Wir suchen den ersten Sonntag, der seinen Anfang nach dem Vollmond hat. Für die Bestimmung welcher Tag es im Moment des Vollmonds ist, spielt der Erdenort eine Rolle. Wie bekannt, hängt es vom Erdenort ab, wie spät es ist. Wenn es zum Beispiel an einem Ort Samstag kurz vor Mitternacht ist, kann es an einem anderen Ort schon nach Mitternacht und somit Sonntag sein.
Wenn wir für die ganze Erde den Ostersonntag festlegen wollen, müssen wir einen Ort wählen, an dem wir im Moment des abnehmenden Mondlichtes nach der Tag-und-Nacht-Gleiche bestimmen, was für ein Tag der Woche es ist. Für dieses Fest der Auferstehung Christi können wir Jerusalem als

angemessen empfinden.

Der Tagesanfang wird normalerweise auf Mitternacht verlegt. Da wir den Anfang des Jahres neu definiert finden im anthroposophischen Kalender, können wir uns einen anderen Tagesanfang überlegen. Dabei gehen wir von Ur-Ostern aus, wobei die Auferstehung stattfindet nicht nur am ersten Sonntag nach dem Frühlingsvollmond, aber auch beim Sonnenaufgang [11]. Somit könnte der Tagesanfang neu auf den jeweiligen Sonnenaufgang festgelegt werden. Als Rudolf Steine eine esoterische Einteilung des Tages gegeben hat[8], hat er den Tag angefangen mit dem Vormittag, worauf folgen Nachmittag, Vormitternacht, Nachmitternacht.
Wie wir gesehen haben, hat die Festlegung des Tagesanfangs auch einen Einfluss auf die jeweiligen Festlegung des Osterdatums.

3.4   Osterstimmung

Nachdem wir die drei kosmischen Aspekte besprochen haben, versuchen wir noch konkreter die kosmischen und die Christlich-religiösen Aspekte zusammenzubringen. Wir können bestimmte bekannte Stellen im Evangelium auf eine solche Art lesen, dass die kosmischen Aspekte mit dem religiösen Inhalt mitklingen und so wird auf diese Stellen ein neues Licht geworfen.

Das Matthäus-Evangelium berichtet, dass Maria Magdalena und die andere Maria an das Grab kommen beim Hinaufleuchten (der Sonne) hinein in den ersten Tag der Woche [10] (Mt 28:1). Lukas

---

[7]GA 223 Seite 17

[8]GA 46 Seite 551.

schreibt, dass der Stein weggewälzt ist vom Grab (Lk 24:2). Markus ergänzt, dass der Stein sehr groß war (Mk 16:4).

Der Christus ist auferstanden.

Diese Tatsache wird von Menschen zum ersten Mal erlebt, es ist ein außerordentlicher, ein einmaliger Moment in der Menschheitsgeschichte.
Sowohl das was sie erleben, als auch die geistigen Vorgänge und die kosmischen Ereignisse stimmen alle überein.

Das Tageslicht wird länger als die Nacht, der Geist hat die Materie überwunden, die Aurora wird erlebt, das Aufgehen der Sonne, das Leuchten des Tageslichtes in den Tag hinein.
Das Licht des Mondes nimmt ab, er hat keine Macht mehr, die Frauen sehen den sehr großen Stein weggewälzt vom Grab.
Er, Der tot war ist auferstanden. Es ist der erste Tag der Woche, der Sonntag.

Es ist Ostern.

Gerade an Ostern ist es gut solch unterschiedliche Aspekte - die des gewöhnlichen Erlebens, die der kosmischen Ereignisse und die des Wirkens des Geistes - in Einheit zusammen zu schauen. Wir finden dieses beschrieben von Rudolf Steiner:

RST: "(...) nicht abstrakter Geist auf der einen Seite, geistlose Natur auf der andern Seite, sondern durchgeistigte Natur, natürlich gestaltender Geist, die eines sind, und die auch wiederum Religion, Wissenschaft und Kunst in eines verweben werden, weil sie verstehen werden, die Dreiheit im Sinne des Michael-Gedankens in Religion, Wissenschaft und Kunst zu fassen, damit sie in der richtigen Weise vereinigt werden können im Ostergedanken, im anthroposophischen Gestalten, das religiös, künstlerisch, erkenntnismäßig wirken kann, das auch wiederum religiös, erkenntnismäßig differenzieren kann. So daß eigentlich der anthroposophische Impuls darin bestehen würde, in der Osterzeit zu empfinden Einheit von Wissenschaft, Religion und Kunst; in der Michaelzeit zu empfinden, wie die Drei - die eine Mutter haben, die Ostermutter -, wie die Drei Geschwister werden und nebeneinander stehen, aber sich gegenseitig ergänzen." [9]

Als Vorschau zum nächsten Kapitel über Astronomie, zeigen wir in Simulation[10] das Himmelsbild, das an Ur-Ostern, kurz nach 6.00 Uhr, zu sehen war; siehe Abbildung 3.1.[11]

Zum Abschluss unserer Osterbetrachtungen folgt an dieser Stelle eine Geschichte, die das Besondere an Ostern auf eine besondere Weise andeutet. In ihren Erinnerungen "Die grüne Schlange" erinnert sich die Malerin Margarita Woloschin [12]:

WOLOSCHIN "Nach dem Vortrage am Karsamstag sollte Rudolf Steiner mit uns Russen und einigen Deutschen in die russische Kirche

---

[9]GA 223 Seite 55
[10]Das Bild wurde hergestellt mit dem Programm HNSKY, siehe https://www.hnsky.org/software.htm
[11]In dieser Abbildung sind Venus und Merkur normal astronomisch gemeint; in manchen esoterischen Betrachtungen werden die Namen umgetauscht.

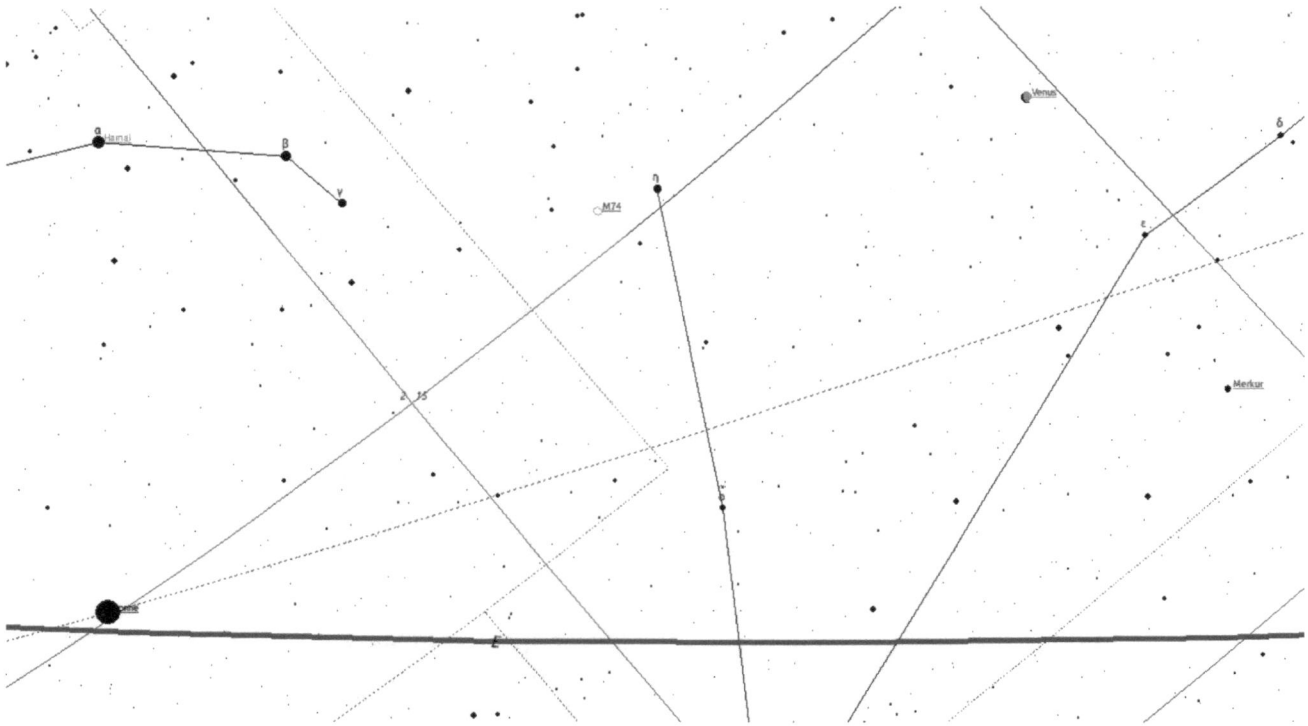

Abbildung 3.1: *Eine Simulation des Himmelsbildes an Ur-Ostern, dem 5. April des Jahres 33, kurz nach 6.00 Uhr. Die etwas dickere horizontale Linie ist der Horizont; mit dem Osten (E) darauf, etwa ein Drittel von links. Links, gerade über dem Horizont, geht die Sonne auf (grosser schwarzer Punkt); oberhalb der Sonne ist das Sternbild Widder (Aries) sichtbar. Venus steht oben im Bild, etwa ein Drittel von rechts; Merkur steht rechts im Bild, etwa in der Mitte.*

zum Osternachtgottesdienst gehen und nachher auch zum Ostermahl bleiben. Es war leider eine Garnisonskirche, die wir besuchten; die Gemeinde bestand nur aus Soldaten mit sturen Gesichtern. Die Chöre wurden von schläfrigen Knaben langweilig und jämmerlich gesungen. Rudolf Steiner nahm stehend an diesem Gottesdienst teil, wie auch an der folgenden Messe, was die übrigen Deutschen, die so langes Stehen nicht gewöhnt waren, sehr ermüdete. Erst gegen drei Uhr nachts kamen wir ins Hotel, wo die gute Frau Cleopatra Christophorow das Ostermahl für uns bestellt hatte. Wir kamen in der freudigen Stimmung an, die jeden Russen in der Osternacht beseelt, und noch besonders glücklich, weil Rudolf Steiner mit uns feierte. Er stand an der Tür des Saales und gab jedem die Hand. Die schwärmerische Begeisterung, die in uns lebte, traf auf einen sehr ernsten, sehr strengen, fragenden Blick. Als wir die Plätze am Tisch eingenommen hatten, zerschnitt er das Oster-brot im Hexagramm, verteilte es unter uns, erhob sich und hielt eine Ansprache, deren Sinn folgender war:

'Die ganze Geschichte der Menschheit ist die Grablegung der Gottheit. Wir mit unserem Bewusstsein können nur die Grablegung am Karfreitag feiern. Wir vermögen nicht, mit unserem Verstand Ostern zu begreifen. Ostern feiern können wir nur dadurch, dass wir uns geloben, den Weg zum Geiste zu gehen.' "

Abbildung 3.2: *Abstieg in den Abgrund - ein Gemälde des Verfassers.*

Kapitel 4

Astronomisches

Wir haben Übereinstimmungen gefunden zwischen demjenigen, was auf der Erde in der Menschheitsgeschichte geschieht und dem was im Kosmos in Zusammenhang damit vor sich geht. Nun können wir uns fragen, ob auch im Kosmos eine 33-Jahre Periode zu finden ist.

Wenn wir in der Astronomie nach Rhythmen suchen, die mit einer Periode von 33 Jahren zu tun haben, dann finden wir zunächst das Phänomen des Rhythmus der Sonnenflecken. Wie viele Sonnenflecken an einem bestimmten Tag von der Erde aus auf der Sonnenscheibe zu sehen sind, ändert sich im Laufe der Zeit. Die Maxima und Minima der Zahlen wiederholen sich aber mit einer Periode von etwa 11 Jahren. So würden drei solche Zyklen in 33 Jahren passen. Siehe Abbildung 4.1 [13]. Die dort eingezeichnete Welle mit einer Periode von genau 11 Jahren passt relativ gut, aber nicht ganz genau; weitere mathematische Bearbeitung mit Fourieranalyse hat keine Resultate gebracht, die die Übereinstimmung hätten bessern können.
Eine Erklärung für das Phänomen der 11-jährigen Sonnenfleckenperiode ist nicht bekannt.

4.1 Jahr und Woche

Ein zweites Phänomen zum 33-Jahre Rhythmus ist eine 33-jährige Ausgleichsperiode von Sonnen- und Mondjahr. Sie ist unter anderem in dem Buch von Joachim Schultz "Rhythmen der Sterne"[1] beschrieben; die Stelle wird hier mit geringfügigen Änderungen zitiert:

SCHULTZ "Das julianische Jahr (= 365,25 Tage) wird für chronologische Zwecke vielfach verwendet. Das Kalenderjahr der bürgerlichen Zeitzählung hat 365 Tage und alle 4 Jahre durch das Einfügen eines Schalttages 366 Tage. Schaltjahre sind alle durch 4 teilbare Jahre. Eine Ausnahme bilden die Anfangsjahre der Jahrhunderte, welche nur alle 400 Jahre zu Schaltjahren werden: so 1600, 2000, 2400 nach Christus. (Gregorianische Kalenderreform von 1582).

Es gibt eine 33-jährige Ausgleichsperiode von

---

[1]Philosophisch-Anthropsophischer Verlag, Dornach, dritte Auflage 1985, dort auf Seite 221.

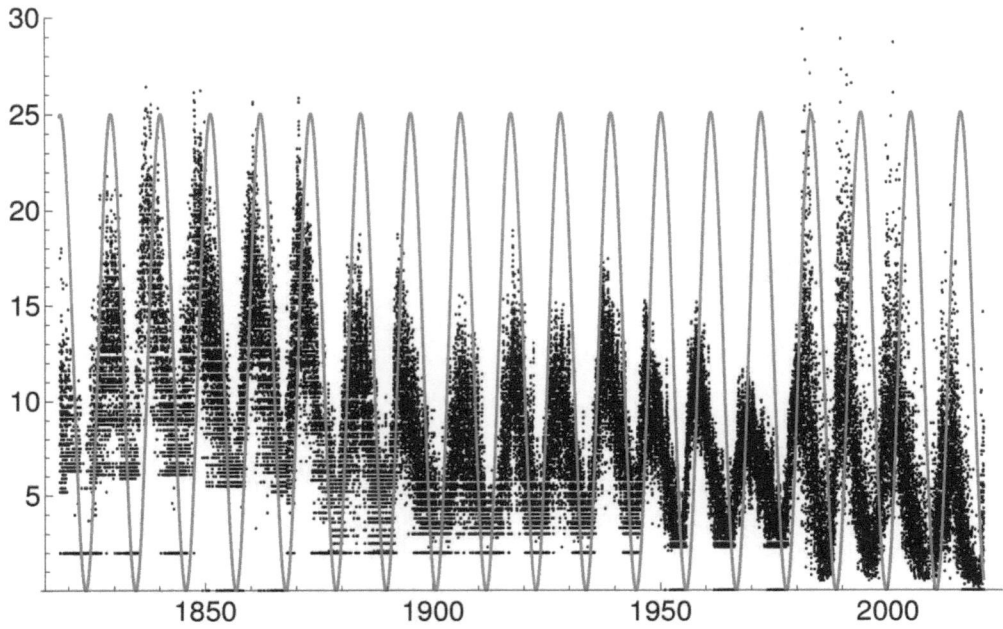

Abbildung 4.1: *Die Anzahl der täglich sichtbaren Sonnenflecken: horizontal das jeweilige Datum, vertikal die Anzahl der sichtbaren Sonnenflecken (Schwarz). Eine künstliche Welle mit einer Periode von 11 Jahre ist eingezeichnet (Grau).*

Sonnen- und Mondjahr. Wählt man für die Kalenderordnung als Jahreseinheit nicht das Sonnenjahr, sondern das Mondjahr, wie zum Beispiel die Mohammedaner, so verschiebt sich dessen Neujahr allmählich durch alle Jahreszeiten des Sonnenjahres hindurch, und zwar in jedem Jahr um 11 Tage. Ein voller Ausgleich wird nach 33 Sonnenjahren erreicht, worin mit einer sehr kleinen Differenz 34 Mondjahre aufgehen.

In konkreten Zahlen:

33 Sonnenjahre = 12053.0 Tage
34 Mondjahre = 12048.5 Tage
Differenz = 4.5 Tage

Die Osterdaten werden aus Stellungsverhältnissen zwischen Erde, Sonne und Mond bestimmt. Die Sonne muss die Frühlingspunktstellung vom 21. März überschritten haben, der darauf folgende erste Frühlingsvollmond muss eingetreten sein; der hierauf folgende Sonntag ist der Ostersonntag. Das früheste und späteste Datum des Ostersonntags sind

22. März und 25. April. Es gibt für die Osterdaten keine zyklische Wiederholung."

So weit das Zitat von Joachim Schultz.

Der Mathematiker Carl Friedrich Gauß hat im 19. Jahrhundert auf Grund solcher allgemeinen Rhythmen von Sonne und Mond eine Regel aufgestellt, mit der man das Osterdatum für jedes Jahr berechnen kann: der Gaußsche Osterformel. Dieser wurde von anderen Forschern noch etwas bearbeitet, zum Beispiel in den letzten Jahren von Heiner Lichtenberg [14].

Obwohl nach Gauß das Osterdatum mit einer gewissen Formel beschrieben werden kann, ergeben sich konkret aber keine deutlichen Wiederholungen. Siehe als Beispiel eine Reihe von Osterdaten über 100 Jahre in Abbildung 4.2; wir haben dafür die Jahre von 1950 bis 2050 ausgewählt [16].

Wie oft in diesen 100 Jahren Ostern auf ein bestimmtes Datum fällt, ist in Abbildung 4.3 dargestellt. Wir können zum Beispiel ablesen, dass Ostern in diesen 100 Jahren fünf Mal auf den 5. April fällt. Wir sehen hier keine Auffälligkeiten, denn jedes Datum tritt ungefähr gleich oft auf.

Wir können aus der gleichen Graphik für jedes Jahr entnehmen, wie viele Tage es dauert vom 21. März bis zu Ostern und daraus, ob es kürzer oder länger dauert vom letzten Weihnachten bis zu diesem Ostern. Diese Dauer könnte, wie wir gesehen haben, eine Andeutung dafür sein, ob der Weihnachtsimpuls schwächer oder stärker wirken wird.

Wir schauen jetzt an, wie lange ein Jahr jeweils

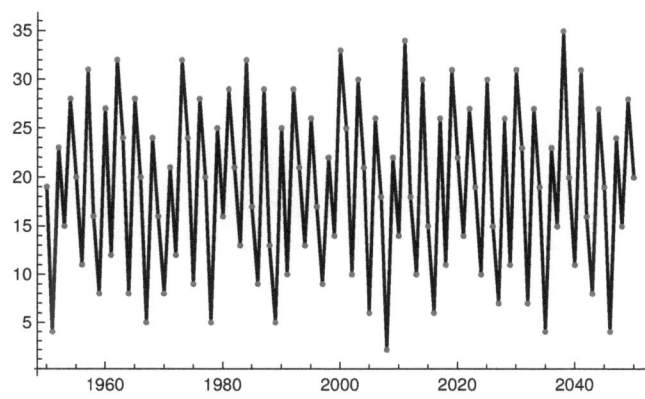

Abbildung 4.2: *100 Jahre Osterdaten berechnet nach Gauß, in der Implementierung von Lichtenberg. Horizontal das jeweilige Jahr, vertikal die Anzahl der Tage bis zum Osterdatum ab dem 21. März gerechnet.*

dauert und nehmen dazu wieder die Daten aus Abbildung 4.2. Wir berechnen die Länge zwischen zwei aufeinanderfolgenden Ostern, das heißt die Länge des Jahres nach Rudolf Steiner. Diese Länge können wir für unsere 100 Jahre jeweils bestimmen und sehen dann, wie viele Male eine bestimmte Länge auftritt. Das Resultat ist dargestellt in Abbildung 4.4.

Wir sehen, dass nur vier Jahreslängen auftreten: 350, 357, 378 und 385 Tage. Die Anzahl der Tage sind alle eine Vielzahl von sieben. So kommen wir auf jeweils 50, 51, 54 und 55 Wochen.
Da wir für die Jahreslänge vier Werte gefunden haben, können wir sie in vier Stufen einteilen: sehr kurz, kurz, lang, sehr lang - ohne Stufen dazwischen.

Diese Tatsache der vier Jahreslängen ist einigermaßen erstaunlich, denn bei der scheinbaren Unregelmäßigkeit der Osterdaten hätten wir willkürliche Jahreslängen vermuten können.

 Dieses Phänomen erklärt sich, wenn wir bedenken, dass Ostern immer auf einen Sonntag fällt. Die Dauer von Ostern zu Ostern ist also immer eine Vielzahl von sieben Tagen. Auch hier finden wir ganze Zahlen, so wie beim 33-Jahre Rhythmus; das Maß, die Zeiteinheit, beträgt hier nicht ein Jahr, sondern eine Woche. Die Zeiteinheit ist wesenhaft, wie wir gesehen haben; das Jahr, der Tag, der Monat - und jetzt auch die Woche.

Dadurch, dass die Wochentage in den letzten Jahrtausenden ununterbrochen weitergeführt wurden und auch weiterhin geführt werden, verbindet uns die Woche an jedem Sonntag wiederum mit dem Sonntag des Ur-Ostern, dem Tag der Auferstehung Christi. Dieser Ur-Oster-Sonntag liegt jeweils eine ganze Anzahl Wochen zurück.

Die erste überlieferte Einteilung der Woche, so wie wir sie kennen, haben, nach Werner Perrey[2], vor etwa 3000-5000 Jahren vor Christus die Sumerer gegeben.
Die Erkenntnis der Wesenhaftigkeit der Woche ist eine Errungenschaft Rudolf Steiners, der auch als erster einen Kalender eingeführt hat, der gegründet ist auf das Maß der Woche. Dies ist der Seelenkalender, worin das Wesenhafte der Woche angedeutet wird dadurch, dass jede Woche einen eigenen Meditationsspruch hat. Sprüche für Tage oder Monate

---

[2]Sternbilder, Verlag Urachhaus, 2003; dort Seite 93.

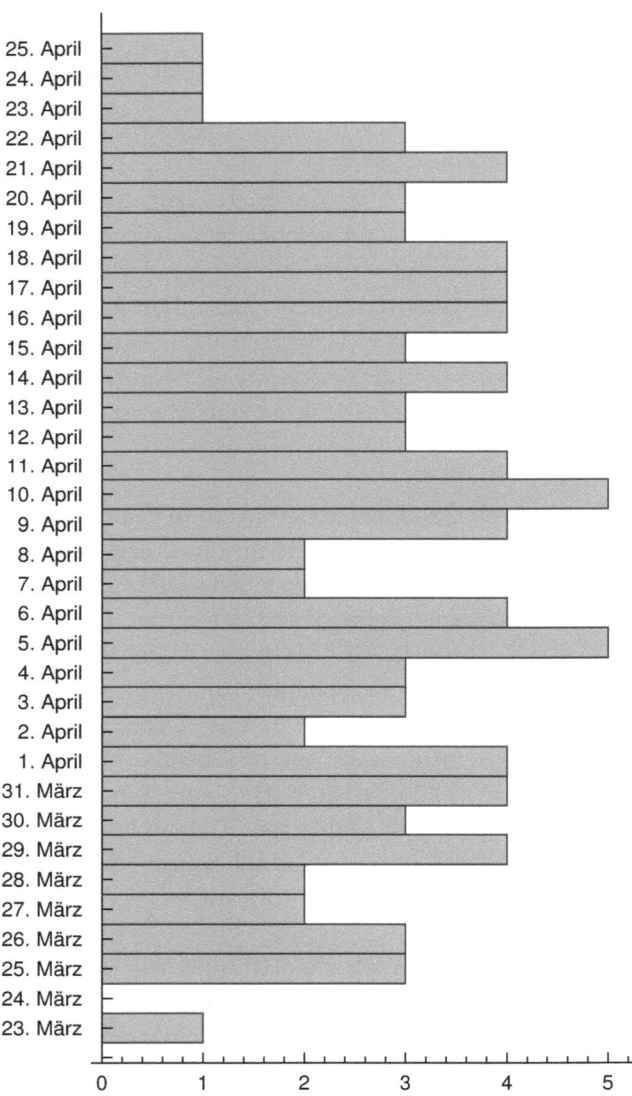

Abbildung 4.3: *100 Jahre Osterdaten als Histogramm; die Vertikale zeigt die Osterdaten an, die Horizontale zeigt wie viele Male das jeweilige Osterdatum vorkommt.*

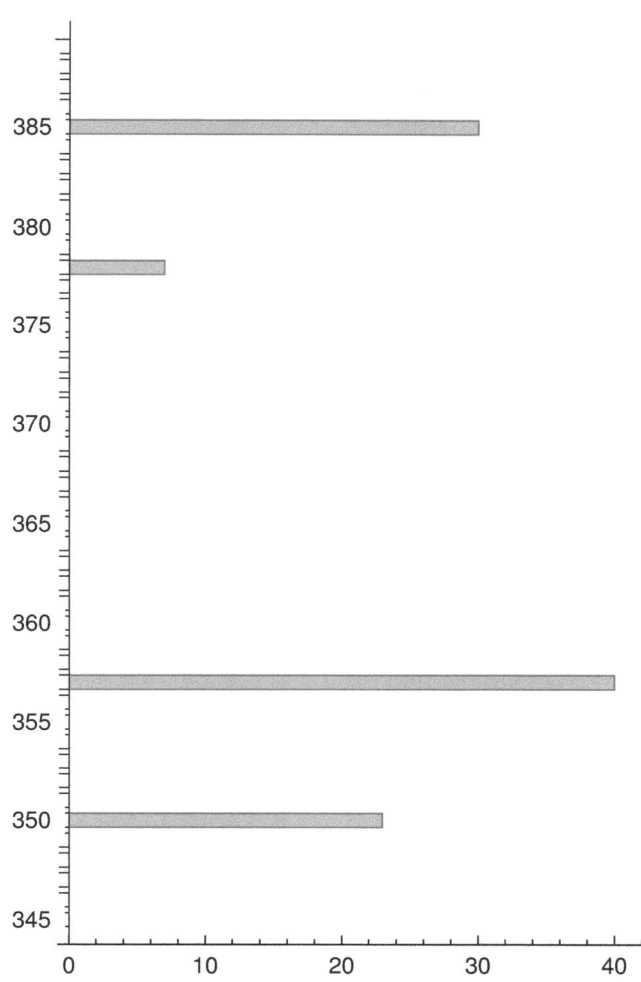

Abbildung 4.4: *Die Differenzen aus Abbildung 4.2 werden hier in einem Histogramm gezeigt. Vertikal steht die Dauer eines Jahres in Tagen, horizontal wie viele Male die Dauer vorkommt. Siehe Text.*

sind in der Esoterik bekannt, die Wochensprüche Rudolf Steiners dagegen sind neu. Die Bedeutung der Wochensprüche wird dadurch noch vertieft, dass jeder Woche ein Buchstabe zugeordnet ist; dabei wird das Alphabet zwei Mal durchlaufen.
Rudolf Steiner spricht darüber unter anderem das Folgende:

RST: "Wenn der Mensch die ganze Fülle des Göttlichen in einem Ursatze aussprechen wollte, so sprach er das Alphabet aus. (...) Sprach man das Alphabet aus in der ursprünglichen instinktiven Weisheit der Menschen, dann sprach man eine Astronomie aus. Alphabet - Aussprechen und Astronomielehre war für diese alten Zeiten ein und dasselbe." [3]

Der Kalender wurde im Jahr 1912 eingeführt und obwohl dieses Jahr nur 50 Wochen hat, zählt der Kalender 52 Wochen. Rudolf Steiner gibt dazu an [15], dass er ihn so verfasst hat, dass immer drei Sprüche zusammengehören und dass die 52 Sprüche auf das jeweilige Jahr verteilt werden können, wobei der erste Spruch am Ostersonntag beginnt. So kann der Seelenkalender immer angewendet werden, für jede Jahreslänge von 50 bis 55 Wochen.

Zum Schluss dieser Überlegungen stellen wir einige interessante Daten in einer Tabelle zusammen, siehe Abbildung 4.7. In der ersten Spalte steht das Jahr gerechnet nach dem Mysterium von Golgatha; in der zweiten steht das Osterdatum, mit dem dieses Jahr beginnt, dargestellt nach dem gewöhnlichen Kalender. In der dritten Spalte steht das Osterdatum, mit

---

[3]GA 209 Seite 117

dem das Jahr endet und in der vierten die Länge dieses Jahres angegeben in Tagen.

4.2   Zwei Osterdaten

Schauen wir jetzt auf die grösstmögliche Jahreslänge, das heisst die maximale Differenz zwischen zwei Osterdaten. Wenn in einem Jahr Ostern auf den 22. März fallen würde und im nächsten Jahr auf den 22. April, dann wäre dieses Jahr etwa 13 Monate lang. Im umgekehrten Fall, vom 22. April bis zum 22. März, bekommen wir 11 Monate. Die maximale Differenz würde also mehr als zwei Monate, mehr als 60 Tage betragen. Wir finden jedoch ein Maximum von 5 Wochen, oder 35 Tagen.

Dieses Phänomen hängt namentlich damit zusammen, dass der Mond spätestens in einem Mondmonat wiederkehrt und deshalb Ostern sich nicht beliebig lange verschieben kann - es tritt irgendwann wieder ein Vollmond auf, und damit wird es bald Ostern.

Wir können noch einmal unserer Frage aus Kapitel 2.4 nachgehen: was hat Rudolf Steiner mit einer kürzeren oder längeren Zeit zwischen Weihnachten und Ostern gemeint? Hat er das auf 1 Jahr oder auf 33 Jahre bezogen? Wie wir gesehen haben, bestimmt die Dauer dieser Periode wie stark die Weihnachtsimpulse wirken.

Weihnachten liegt im Jahr fest; es handelt sich also darum auf welches Datum Ostern fällt. Wir haben schon einmal in Abbildung 4.3 gezeigt, wie viele Male Ostern auf ein bestimmtes Datum fällt. Wir sehen eine relativ willkürliche Verteilung von Daten, fast alle sind gleich vertreten.

Somit sind auch die Dauer von Weihnachten bis zu dem Ostern, das etwa drei Monate danach stattfindet, verteilt.

Das gleiche gilt aber auch für die Dauer von Weihnachten bis Ostern nach mehr als 32 Jahren: Weihnachten liegt im Jahr fest, und nur das letzte Osterdatum bestimmt über die Gesamtdauer. In der Tabelle in Abbildung 4.8 haben wir für einige Jahre beide Werte dargestellt

Aus diesen Daten ergibt sich auch, ob eine Dauer lang oder kurz ist, je nachdem wir 1 oder 33 jahre nehmen zwischen Weihnachten und Ostern. Es ist die Frage, ob, wenn in einem Weihnachtsjahr die Dauer bis Ostern nächstes Jahr kurz ist, auch die Dauer bis zum Ostern nach 33 Jahre kurz wäre. Für die Jahre der Tabelle wird dieses graphisch gezeigt in Abbildung 4.5. Es zeigt sich keine Korrelation zwischen die Höhen und Tiefen (lang oder kurz) der zwei Fällen (1 oder 33 Jahren) - wäre eine Korrelation da, dann würden für das jeweilige Jahr der schwarze und der graue Punkt aufeinander liegen.

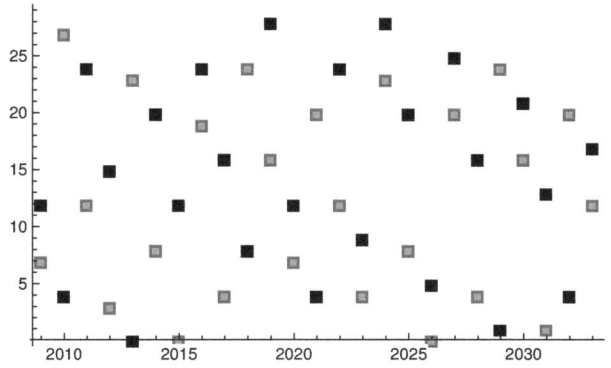

Abbildung 4.5: *Die relative Länge der Zeit zwischen Weihnachten und Ostern - letzteres nach einem Jahr (Grau) und nach 33 Jahren (Schwarz).*

Durch unseren Berechnungen sind wir zwar unserer Anfangsfrage schon näher gekommen, eine abschließende Antwort haben wir aber noch nicht finden können.

Wir können statt dessen zurückgreifen auf die Aussage Rudolf Steiners:

RST: "Wir wissen ja, dass das Weihnachtsfest eigentlich *zusammengehört* mit dem Osterfest, das dreiunddreißig Jahre später liegt."[4]

Auch an anderen Stellen tritt dieser Begriff *Zusammengehören* auf - ein Hinweis darauf, das es sich immer um ein Weihnachten und ein Ostern handelt die etwa 33 Jahre auseinander liegen.

Zum Schluss dieser Osterdatenforschung gehen wir einen Hinweis von Paul Heldens [17] nach, der hingewiesen hat auf Spiegelungen, die sich in den Datenreihen, die wir in den Tabellen gezeigt haben,

---

[4]GA 180 Seite 62

befinden.   Dieses interessante Phänomen haben wir darauf systematisch untersucht, siehe Abbildung 4.6. Für etwa 400 Jahre sind statistisch mögliche Spiegelungen untersucht. Dabei haben wir darauf geachtet, ob vom jeweiligen Datum nach vorne und hinten die Jahreslängen gleich sind - erst 1 Jahr nach vorne und hinten, dann 2 Jahre und so weiter. Bei jeder Ungleichheit ist eine Zahl addiert zur Kontrollzahl des Spiegeljahres. So wird die Kontrollzahl ein Mass für die Reinheit der Spiegelung um das jeweilige Jahr.

In der Graphik ist horizontal das Spiegel-Jahr nach dem Kalender von Rudolf Steiner gegeben und vertikal die Kontrollzahl, die ein willkürliches Mass für die Unvollkommenheit der Spiegelung ist. Vollkommene Spiegelungen (vertikales Mass = 0) treten dabei nicht auf. Auffällig aber ist das Jahr 1866 mit einem tiefen Kontrollwert, das heisst einer guten Spiegelung. Es handelt sich hier um das Jahr, das anfängt im normalen Kalender am 2. April 1899 und endet am 15. April 1900 - in das Jahr 1899 fällt, wie schon erwähnt, das Ende des finsteren Zeitalters.

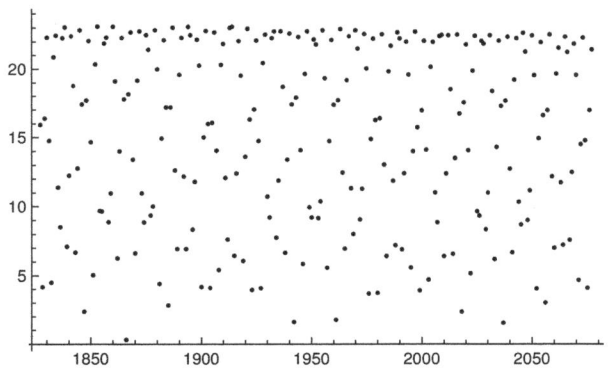

Abbildung 4.6: *Siehe Text.*

4.3   Weiteres Astronomisches

Auf der Suche nach 33-Jahre Rhythmen im Kosmos, schauen wir jetzt die Bewegungen der Planeten an. Wir gehen die Konjunktionen der Planeten untereinander systematisch durch und schauen, ob wir dabei eine Konjunktionsperiode von etwa 33 Jahren finden [18]. Die Umlaufszeiten, die für die Berechnung gebraucht wurden sind dargestellt in Abbildung 4.11. Die Resultate der Konjunktionsrhythmen stehen in den Tabellen in Abbildungen 4.9 und 4.10. Eine überzeugende Konjunktion haben wir nicht gefunden, obwohl die Periode der Konjunktion der Mondknoten mit Jupiter nahe an den 33-Jahre Rhythmus kommt. Auch 11-Jahre Konjunktionsperioden, die mit dem Sonnenfleckenrhythmus übereinstimmen würden, sind nicht deutlich ersichtlich.

4.4   Die neue Astrologie

Wie wir gesehen haben, ist die Astronomie heute dazu aufgerufen, Geschichtsforschung zu betreiben. Rudolf Steiner spricht sich im Folgenden deutlich über diese neue Astrologie aus. Sie richtet sich nach denjenigen Sternen, die in der geschichtlichen Menschheitsentwickelung glänzen:

RST: "Und das Weihnachtsfest, das wir in diesem Jahre feiern, das gehört nicht zu dem Osterfeste des nächsten Jahres, das gehört zu dem Osterfeste, das dreiunddreißig Jahre darauf folgen wird. Eine vollständige Menschheitsgeneration ist die Zeit von dreiunddreißig Jahren, so rechnet man. Eine Menschheitsgenerationszeit muss vergehen zwischen dem

zusammengehörigen Weihnachts- und Osterfeste. Dies ist die Anleitung, um die neue Astrologie zu lesen, jene Astrologie, welche auf die Sterne, die in der geschichtlichen Menschheitsentwickelung selber glänzen, das Augenmerk hinlenkt." [5]

RST: "Und wie berechnet worden ist die Umlaufzeit der Sterne um die Sonne, so ist berechnet in der wahren geschichtlichen Menschenweisheit die Umlaufzeit der geschichtlichen Ereignisse. Und diese Umlaufzeit ist von einem Weihnachten zu einem Ostern, das dreiunddreißig Jahre nachher liegt. So regeln die Geister der Umlaufzeiten dasjenige, in dem die Menschenseele lebt und webt, indem sie nicht bloß eine persönliche Wesenheit ist, indem sie eine in das geschichtliche Werden hineinverwobene Wesenheit ist." [6]

RST: "Was gesagt worden ist von der dreiunddreißigjährigen Umlaufzeit der Ereignisse - so, wie die Erkenntnis, dass unter gewissen Verhältnissen sich Sauerstoff und Wasserstoff verbinden und man nicht anders das Wasser erkennen kann als durch Elektrolyse, die da chemisch untersucht das Verhalten des Sauerstoffs und Wasserstoffs, so sollte sich das Bewusstsein einfinden, daß man soziale Gesetze nur finden kann, wenn man solche Konstellationen im Zeitlauf zu durchschauen vermag. In den Tag hinein zu denken, dasjenige nur zu sehen, was unmittelbar um uns herum liegt, das ist das, was als das Heilsame die

---

[5]GA 180 Seite 21
[6]GA 180 Seite 23

Jahr nach Rudolf Steiner	von Ostern	bis Ostern	Jahreslänge in Tagen
1977	4 April 2010	24 April 2011	385
1978	24 April 2011	8 April 2012	350
1979	8 April 2012	31 März 2013	357
1980	31 März 2013	20 April 2014	385
1981	20 April 2014	5 April 2015	350
1982	5 April 2015	27 März 2016	357
1983	27 März 2016	16 April 2017	385
1984	16 April 2017	1 April 2018	350
1985	1 April 2018	21 April 2019	385
1986	21 April 2019	12 April 2020	357
1987	12 April 2020	4 April 2021	357
1988	4 April 2021	17 April 2022	378
1989	17 April 2022	9 April 2023	357
1990	9 April 2023	31 März 2024	357
1991	31 März 2024	20 April 2025	385
1992	20 April 2025	5 April 2026	350
1993	5 April 2026	28 März 2027	357
1994	28 März 2027	16 April 2028	385
1995	16 April 2028	1 April 2029	350
1996	1 April 2029	21 April 2030	385
1997	21 April 2030	13 April 2031	357
1998	13 April 2031	28 März 2032	350
1999	28 März 2032	17 April 2033	385
2000	17 April 2033	9 April 2034	357
2001	9 April 2034	25 März 2035	350

Abbildung 4.7: *Zu den Jahreslängen:*
In den Spalten sind jeweils dargestellt: das Jahr des neuen Kalenders nach Rudolf Steiner, die zwei entsprechenden Osterdaten und die Jahreslänge in Tagen. Siehe Text.

Weihnachtsjahr	Ostern	Tage von Weihnachten bis Ostern	Ostern nach 33 Jahren	Tage von Weihnachten bis Ostern nach 33 Jahren
2009	4 April 2010	100	6 April 2042	11 790
2010	24 April 2011	120	29 März 2043	11 782
2011	8 April 2012	105	17 April 2044	11 802
2012	31 März 2013	96	9 April 2045	11 793
2013	20 April 2014	116	25 März 2046	11 778
2014	5 April 2015	101	14 April 2047	11 798
2015	27 März 2016	93	5 April 2048	11 790
2016	16 April 2017	112	18 April 2049	11 802
2017	1 April 2018	97	10 April 2050	11 794
2018	21 April 2019	117	2 April 2051	11 786
2019	12 April 2020	109	21 April 2052	11 806
2020	4 April 2021	100	6 April 2053	11 790
2021	17 April 2022	113	29 März 2054	11 782
2022	9 April 2023	105	18 April 2055	11 802
2023	31 März 2024	97	2 April 2056	11 787
2024	20 April 2025	116	22 April 2057	11 806
2025	5 April 2026	101	14 April 2058	11 798
2026	28 März 2027	93	30 März 2059	11 783
2027	16 April 2028	113	18 April 2060	11 803
2028	1 April 2029	97	10 April 2061	11 794
2029	21 April 2030	117	26 März 2062	11 779
2030	13 April 2031	109	15 April 2063	11 799
2031	28 März 2032	94	6 April 2064	11 791
2032	17 April 2033	113	29 März 2065	11 782
2033	9 April 2034	105	11 April 2066	11 795

Abbildung 4.8: *Zur Länge zwischen Weihnachten und Ostern:*
Weihnachten, Ostern und die Dauer dazwischen, sowohl für das nächste Ostern, als auch für das Ostern nach 33 Jahren. Siehe Text.

Pluto	0.24	Merkur
Neptun	0.24	Merkur
Uranus	0.24	Merkur
Saturn	0.24	Merkur
Mondknoten	0.24	Merkur
Jupiter	0.24	Merkur
Mars	0.28	Merkur
Sonne	0.32	Merkur
Venus	0.39	Merkur
Pluto	0.62	Venus
Neptun	0.62	Venus
Uranus	0.62	Venus
Saturn	0.63	Venus
Mondknoten	0.64	Venus
Jupiter	0.65	Venus
Mars	0.92	Venus
Pluto	1.00	Sonne
Neptun	1.01	Sonne
Uranus	1.01	Sonne
Saturn	1.04	Sonne
Mondknoten	1.06	Sonne
Jupiter	1.09	Sonne
Sonne	1.60	Venus

Pluto	1.89	Mars
Neptun	1.90	Mars
Uranus	1.92	Mars
Saturn	2.01	Mars
Mondknoten	2.09	Mars
Mars	2.14	Sonne
Jupiter	2.23	Mars
Pluto	12.46	Jupiter
Neptun	12.78	Jupiter
Uranus	13.81	Jupiter
Saturn	19.85	Jupiter
Pluto	20.11	Mondknoten
Neptun	20.97	Mondknoten
Uranus	23.89	Mondknoten
Mondknoten	32.73	Jupiter
Pluto	33.44	Saturn
Neptun	35.87	Saturn
Uranus	45.37	Saturn
Saturn	50.46	Mondknoten
Pluto	127.15	Uranus
Neptun	171.44	Uranus
Pluto	492.14	Neptun

Abbildung 4.9: *Siehe Abbildung 4.10.*

Abbildung 4.10: *Die Zahlen geben die Anzahl Jahre der Periode der jeweiligen Konjunktion an.*

Menschheit in den letzten vier Jahrhunderten allmählich zu betrachten gelernt hat. Aber solcherart das Werden zu erkennen, dass man sich sagt: Was jetzt geschieht, wird auferstehen nach dreiunddreißig Jahren, es obliegt mir das Jetzige unter der Verantwortung, die aus dieser Idee quillt, zu tun, - das ist das, was verlangt werden muß fernerhin von denjenigen, die in das Leben eingreifen wollen von irgendeinem Gesichtspunkte des Lebens aus." [7]

---

[7] GA 180 Seite 35

Merkur	0.24
Venus	0.62
Sonne	1.00
Mars	1.88
Jupiter	11.86
Mondknoten	18.60
Saturn	29.46
Uranus	84.02
Neptun	164.77
Pluto	247.70

Abbildung 4.11: *Die Umlaufzeiten der Planeten in Jahren.*

Für die neue Sternkunde so wie sie hier beschrieben ist, braucht es auch ein neues Teleskop [19]. Wie würden wir solch ein Instrument entwerfen? Das, was wir beobachten wollen sind jetzt nicht Sterne am Himmel, sondern Menschen in der Geschichte die wie Sterne Aufleuchten. Wie das gemeint sein kann, sagt Rudolf Steiner im folgenden Zitat; während früher, in der dritten Kulturepoche (im alten Ägypten) noch in den Himmelserscheinungen gelesen wurde, traten im Beginne unserer Epoche schon Menschen auf die besonders inspiriert waren.

RST: "Es waren die Geheimnisse, die sich bezogen auf den Kosmos, auf das Hereinströmen der Kräfte des Tierkreises, der Planeten, namentlich aber die Geheimnisse, die sich bezogen auf das Zusammenwirken von Sonne und Mond und auf das Wandern der Wirkungen von Sonne und Mond - ich rede von den scheinbaren Bewegungen, weil die uns die Vorgänge

ganz genügend charakterisieren - durch die Zeichen des Tierkreises. Aber ein Unterschied mußte bestehen zwischen dem, wie diese Geheimnisse für die fünfte Kulturperiode auftraten, und der Art, wie sie in der dritten Kulturperiode auftraten. Es sollte ja alles in die Bewußtseinsseele hereinwirken, in das, was des Menschen Persönlichkeit ausmacht, was des Menschen Persönlichkeit konstituiert. Das geschah in einer ganz besonderen Weise dadurch, daß jene inspirierenden Kräfte, die, wenn sich die Seelen in die geistige Region des Kosmos versetzten, in der dritten nachatlantischen Kulturepoche geschaut wurden und gleichsam hereinströmten aus dem Weltenraume in die Erde, während des fünften Kulturzeitraumes gewisse Menschen inspirierten. So daß es Menschen gab in der Morgenröte der fünften Kulturepoche, die nicht gerade durch ihre Schulung, aber durch gewisse geheimnisvolle Wirkungen, die zunächst einmal geschahen, die Werkzeuge, die Träger wurden von kosmischen Wirkungen, wie sie von Sonne und Mond ausgingen bei deren Durchgang durch die Zeichen des Tierkreises. Und was dann für die Menschenseele errungen werden konnte an Geheimnissen durch diese Menschen, das war die Wiederholung dessen, was einst durch die Empfindungsseele erlebt worden war. Und die Menschen, welche den Wandel von kosmischen Kräften durch die Tierkreiszeichen ausdrückten, das waren die, welche man nannte die 'Ritter von König Artus' Tafelrunde'. " [8]

---
[8]GA 144 Seite 64

Solche Menschen zu finden in der Gegenwart ist die Aufgabe. Dazu können wir die moderne Geschichte studieren und symptomatische Erscheinungen und Personen daraus entnehmen. Diese geschichtliche Symptomatologie ist von Rudolf Steiner beschrieben, unter anderen in GA 185. Einige Versuche in dieser Richtung sind dargestellt in Kapitel 6.1.

Statt zu beobachten, können wir auch selbst aktiv werden und Fragen stellen die wir richten an die geistige Welt. Wie das früher ging, jetzt aber anders gemacht werden muss - mit konkreten Hinweisen - steht in GA 213, namentlich im zweiten Vortrag vom 25. Juni 1922.

Abbildung 4.12: *Der Tisch des Artus - ein Gemälde des Verfassers.*

Kapitel 5

Schlussbemerkungen

Wir haben uns mit dem in der Menschheitsentwickelung waltenden Rhythmus von 33 Jahren beschäftigt. Rudolf Steiner spricht 1917 das erste Mal über diesen Rhythmus und gibt Beispiele des Rhythmus aus jener Zeit. Es kann die Frage entstehen: können wir auch in sehr alten Zeiten Beispiele finden? War der 33 Jahre Rhythmus schon immer da?

Wir finden die Zeitdauer von 33 Jahren vor etwa 2000 Jahren im Leben des Christus Jesus - ein Leben, das die größte menschheitliche Bedeutung hat.
Auch im Alten Testament finden wir Beispiele für die Zeitdauer von 33 Jahren: König David regierte 33 Jahre in Jerusalem[1], und in den Apokryphen finden wir Tobit, der 99 Jahre gelebt hat. Dies sind nur Andeutungen; um dieses Thema zu vertiefen braucht es weitere Arbeit.

Gibt es auch andere Rhythmen in der Menschheitsgeschichte? Rudolf Steiner spricht über unterschiedliche rhythmische Phänomene in der Gesamt-

---

[1] 1 Könige 2:11

ausgabe an verschiedenen Stellen; einige relevante Zitate finden sich in Kapitel 6.2.

Wir haben jetzt den 33-Jahre Rhythmus eingehend besprochen und gesehen, dass wir hier mit ganzen Zahlen rechnen müssen. In der Literatur zu diesem Rhythmus [21] tritt immer wieder die Vorliebe nach einer Zeitdauer von 33 Jahren plus $\frac{1}{3}$ Jahr auf - diese $33\frac{1}{3}$ Jahre stehen aber in keinem Zusammenhang mit dem 33-Jahre Rhythmus, so wie er von Rudolf Steiner beschrieben ist. Es können in der Geschichte gewisse Wiederholungen auftreten mit einer Periode von $33\frac{1}{3}$ Jahren. Solche Wiederholungen können Anlass geben zum feiern. Eine heute beliebte Feier in diesem Zusammenhang ist zum Beispiel ein 100-Jahre Jubiläum, das fast automatisch hervorzukommen scheint aus den gedachten $3 \times 33\frac{1}{3}$. Wenn wir aber wissen wollen was zu tun ist, zu welchen Entschlüssen wir kommen sollen im sozialen Wirken, dann müssen wir den 33-Jahre Rhythmus, den Rudolf Steiner beschrieben hat, anwenden und die 33 ganzen Jahre berücksichtigen.

Zum $3 \times 33\frac{1}{3} = 100$ Jahre Jubiläum feiern, kommt

manchmal noch ein anderer Gedanke bei Menschen, die sich mit dem Thema des 33-Jahre Rhythmus beschäftigen: "Ja, 3×33 Jahre das ist zwar richtig; aber ich beschäftige mich nur innerlich mit dem 3×33 Jahre Rhythmus - im äußeren Tun feiere ich die 100 Jahre, damit die Welt sich nicht an meinen Aussagen stößt."
Das ist schon möglich: das eine zu denken, aber das andere zu tun.
Wenn wir eine Straße überqueren wollen und es naht ein Auto, dann können wir einerseits innerlich stehenbleiben, uns aber in der Realität in Bewegung setzen: die Folgen sind klar. Nehmen wir aber die Erkenntnis, die wir gewonnen haben, wirklich Ernst, dann handeln wir entsprechend und sind in Übereinstimmung mit der Wirklichkeit.

Und haben wir zu dieser Wahrheit gefunden, dann haben alle Menschen Anrecht darauf. Wir haben die Verantwortung, diese Wahrheit mutig in die Welt zu tragen, damit sich eine gesunde soziale Entwickelung in den Menschheitszusammenhängen durchringen kann.

Wir schauen auf Rudolf Steiner, der selbstlos ein solch wichtiges Thema wie den 33-Jahre Rhythmus vollständig dargestellt hat: einfach, klar und somit für alle verständlich, damit wir mit dem Rhythmus richtig umgehen, ihn konkret anwenden können und lernen, wie wir zu Sternen sprechen können. Sein Spruch für Marie Steiner, Weihnachten 1922:

RSt: *Sterne sprachen einst zu Menschen*
Ihr Verstummen ist Weltenschicksal;
Des Verstummens Wahrnehmung
Kann Leid sein des Erdenmenschen;

In der stummen Stille aber reift
Was Menschen sprechen zu Sternen;
Ihres Sprechens Wahrnehmung
Kann Kraft werden des Geistesmenschen.

Kapitel 6

Anhang

6.1 Geschichtliche Ereignisse

Wir schauen einige Beispiele von Reihen von Jahres-Zahlen an, die auf die Gegenwart bezogen sind und im 33-Jahre Rhythmus stehen.

Diese Darstellungen sind gemeint als Beispiele für das tatsächliche auftreten vom 33-Jahre Rhythmus in der Menschheitsgeschichte. Sie sind nicht in Stein gemeißelt und sicher nicht vollständig - sie mögen eine Anregung sein, selbst Symptome zu suchen und vielleicht einzelne Sterne zu finden.

6.1.1 Rund 1900

1879 ist ein wichtiges Jahr, in dem die Geister der Finsternis durch den Erzengel Michael auf die Erde gestürzt wurden und seither mehr im Menschen wirken als im Geistigen.

RST: "Zu den Ereignissen, unter denen wir gegenwärtig leben (1917), haben es die Menschen zu bringen vermocht. Aber es handelt sich nicht darum, diese Ereignisse bloß zu verstehen, sondern es handelt sich darum, wie aus ihnen herauszukommen ist. Solange aber so wenig Wille ist, die wirklichen tieferen Impulse, die zum heutigen Zeitalter geführt haben, zu durchschauen, so lange wird das praktische Verständnis nicht so weit kommen können, diese Dinge zu verstehen. Man darf nicht glauben, dass es nicht Menschen geben könnte, die die heutige Zeitlage genügend verstehen könnten. Allein man will auf sie nicht hören, wie man nicht hören will auf so etwas wie den Goetheanismus, der schon wie eine Stimme des 20. Jahrhunderts herübertönt. Aber man wird diese Stimme nur recht verstehen, wenn man sich zum Beispiel ein ernstes und würdiges Verständnis erwirbt für das Bedeutsame, das durch den Sturz der Geister der Finsternis im Herbste 1879 geschehen ist. Man wird eben den spirituellen Gang der Menschheit verstehen müssen, wenn man die Gegenwart verstehen will." [1].

Dazu kommt, dass wir gesehen haben, dass der neue Kalender im Jahr 1912 gegeben wurde und damit

---

[1] GA 177 Seite 246

43

anfängt im Jahr 1879 des neuen Kalenders.

33 Jahre nach 1879 wird in München versucht den Grundstein für das erste Goetheanum zu legen - dies gelingt durch Schwierigkeiten mit den Münchener Behörden nicht, und erfolgt 1913 in Dornach.
2×33 Jahre nach 1879, im Jahr 1945, werden die ersten Atombomben von der Regierung der Vereinigten Staten von Amerika konstruiert und genützt um Hiroshima und Nagasaki und ihre Bewohner:innen zu vernichten. Weitere 2×33 Jahre später, 2011, geschieht in Japan die Katastrophe mit dem Atomkraftwerk in Fukushima, nur etwa 150 Kilometer von Hiroshima entfernt.

Der Unfall im Atomkraftwerk 1986 in Tschernobyl fällt nicht in diese 33-er Reihe, sondern in eine andere. 33 Jahre nach dem Unfall, in Dezember 2019, erfolgen die ersten Krankheitsmeldungen die in den folgenden Jahren zu weltweite Einführung von einschneidenden Maßnahmen und Gesetzen führen.
33 Jahre vor 1986, 1953, war die große Überschwemmung in den Niederlanden.
1986 war auch das Jahr des Kometen von Halley - mehr über Kometen in Kapitel 6.1.2.

1917 vermittelt Rudolf Steiner uns die Erkenntnis des 33-Jahren Rhythmus. Ist 1884 ein besonderes Jahr für Rudolf Steiner? Er bekommt die Anfrage an den Naturwissenschaftlichen Werken von Goethe mitzuarbeiten. Bestimmt können wir Goethe einstufen als einen Stern in der Menschheitsgeschichte.

2022 ist es 3×33 Jahre her, dass 1923 die Weihnachtstagung der Anthroposophischen Gesellschaft

stattfand. In jenem Jahr war auch der Putsch von Adolf Hitler und Ludendorff. In 1956 stirbt Stalin und wird die H-Bombe erfunden. In 1989 fällt die Mauer zwischen Ost- und West-Berlin.

6.1.2 Kometen

Manche Ereignisse in der Menschheitsgeschichte können nicht nur mit dem 33-Jahre Rhythmus, sondern auch mit dem Erscheinen von Kometen zusammenhängen. Wir erwähnen hier einige.

Halley ist vielleicht der bekannteste Komet. Er erschien wieder 1986. Wie schon erwähnt, viel in diesem Jahr auch der Unfall mit dem Atomkraftwerk in Tschernobyl. Seine vorletzte Erscheinung war im Jahr 1910, die nächste wird vorausgesagt für 2061.

Biela war ein wiederkehrender Komet, von dem berechnet wurde, dass er 1933 mit der Erde kollidieren könnte. Er ist aber Jahre zuvor zersplittert in unzählige kleine Teile[2]. In diesem Jahr findet in Deutschland die Machtergreifung der Nationalsozialisten unter Adolf Hitler statt.

Neowise [20] ist benannt nach dem Teleskop[3] das ihn zum ersten mal wahrgenommen hat. Neowise kam der Sonne am nächsten am 14. Januar 2020, also etwa in der Zeit der weltweit auferlegten Massnahmen; ausnahmsweise war er mit den Augen für alle Menschen sichtbar. Manche Berechnungen zeigen seinen letzten Besuch vor etwa 7000 Jahren.

---

[2]Siehe zum Beispiel GA 354 Seite 246: "Der Komet hatte sich zunächst in zwei Teile und dann weiter gespalten in lauter kleine Splitterchen."
[3]https://de.wikipedia.org/wiki/C/2020_F3_(NEOWISE)

Bernardinelli-Bernstein ist ein anderer Komet[4]. Er ist sehr gross (Durchschnitt mehr als 100 Kilometer) und damit relativ hell und konnte deswegen schon früh (2014) entdeckt und unter anderem mit dem Hubble-Teleskop wahrgenommen (2022) werden. Es wird erwartet, dass er im Jahr 2031 auf seinem Weg der Sonne am nächsten kommt - dies wäre aber nicht näher als die Saturnbahn - obwohl in den Jahren bis dahin auch noch unerwartetes geschehen könnte. Wegen seiner stetigen Entfernung wird er ohne Teleskop nicht sichtbar sein.

In die Kometenjahre 1933, 1986 und 2020 vielen für die Menschheitsgeschichte bezeichnende Symptome: Hitler, Tschernobyl, Corona; was für 2031 bevorsteht wird sich zeigen.

Zum Jahr 2031 weisen wir hin auf die dreifache Wiederholung der Periode von 666 Jahren, die (3x666=) 1998 Jahre nach dem Mysterium von Golgatha auftritt. Das Jahr 1998 im neuen Kalender entspricht dem Jahr welches an Ostern 2031 im normalen Kalender beginnt.

Rudolf Steiner spricht im Rahmen von 1998 unter anderem folgendes über den Widersacher der Menschheit Sorat:

RST: "Wir haben jetzt bevorstehend das Zeitalter der dritten 666: 1998. Zum Ende dieses Jahrhunderts kommen wir zu dem Zeitpunkt, wo Sorat wiederum aus den Fluten der Evolution am stärksten sein Haupt erheben wird, wo er sein wird der Widersacher jenes Anblickes des Christus, den die dazu vorberei-

teten Menschen schon in der ersten Hälfte des 20. Jahrhunderts haben werden durch die Sichtbarwerdung des ätherischen Christus. Es wird nur noch zwei Drittel des Jahrhunderts dauern, bis Sorat in mächtiger Weise sein Haupt erheben wird." [5]

Rudolf Steiner hat im Jahre 1919, so empfinden wir, prophetisch über die heutige Zeit gesprochen und über das, was noch kommen wird:

RST: "Man wird einsehen, zu welchem Ziele diejenigen Kräfte der Menschheit hinsteuern, die sich da äußern werden in den, ich möchte sagen, wie rhythmisch auftretenden kriegerischen Verheerungsprozessen, von denen die gegenwärtige Kriegskatastrophe nur der Anfang ist. Es ist ja eine kindliche Vorstellung, wenn man glauben würde, daß durch irgend etwas, was sich anschließt an diese kriegerische Katastrophe, irgendwelche dauernden Friedenszeiten über die Menschheit auf dem physischen Plan kommen werden. Das wird nicht der Fall sein. Dasjenige aber, was kommen muß über die Erde, das muß eine spirituelle Entwickelung sein. Ihren Geist, ihre Richtung, ihren Sinn wird man einsehen, wenn man einen verhältnismäßig längeren Zeitraum vor dem Mysterium von Golgatha überblickt, wenn man dann ins Auge faßt einiges von dem Sinn des Mysteriums von Golgatha und wenn man dann versucht, die Weiterwirkung gerade des

---

[4]https://de.wikipedia.org/wiki/C/2014_UN271_(Bernardinelli-Bernstein)

[5]GA 346 Seite 122. Weitere Angaben zur Zahl 666 sind namentlich zu finden in GA 184, den 13. Vortrag, vom 11. Oktober 1918; GA 346, den 8. Vortrag, vom 12. September 1924; und weiter unter anderem auch in GA 89, GA 93a, GA 96, GA 100, GA 104, GA 104a, GA 182, GA 205.

Mysteriums von Golgatha in der zukünftigen Entwickelung der Menschheit geistig etwas anzuschauen." [6]

6.2 Weitere relevanten Zitate

6.2.1 Zahlen

Am 15. September 1907 (in GA 101, ab Seite 169) spricht Rudolf Steiner über Zahlen und was es heißt, wenn wir übergehen von ganzen Zahlen zu Brüchen.

RST: "Das Wesentliche der Einheit ist die Unteilbarkeit. In der Wirklichkeit kann man freilich die Einheit auch wieder teilen, zum Beispiel in $\frac{1}{3}$ und $\frac{2}{3}$. Nun gibt es aber etwas sehr Bedeutsames und Wichtiges, das Sie in Gedanken vollziehen können: In der geistigen Welt bleibt das Drittel, wenn Sie zwei Drittel wegnehmen, dazugehörig. Gott ist ein einheitliches Wesen. Wenn etwas von Gott herausgeteilt wird als Offenbarung, so bleibt der ganze Rest vorhanden als etwas, was dazugehört. Im pythagoreischen Sinne: Teile die Einheit, aber teile die Einheit nie anders, als daß du im Untergedanken den Rest dazu hast. Was heißt das eigentlich, die Einheit zu teilen? Nehmen Sie zum Beispiel ein Goldplättchen, und schauen Sie hindurch, dann erscheint Ihnen die Welt grün. Das Gold hat nämlich die Eigenschaft, wenn weißes Licht darauf fallt, die gelben Strahlen zurückzuwerfen. Wo aber kommen die anderen Farben hin, die noch im Weiß enthalten sind? Sie gehen in den Gegenstand hinein und durchdringen ihn. Ein roter Gegenstand ist deshalb rot, weil er die roten Strahlen zurückwirft und das übrige in sich aufnimmt. Man kann das Rot nicht aus dem Weißen herausziehen, ohne daß das übrige zurückbleibt. Damit streifen wir den Rand eines großen Weltgeheimnisses. Sie können die Dinge in einer bestimmten Weise anschauen. Wenn zum Beispiel das Licht auf ein rotes Tischtuch fällt, das über einen Tisch ausgebreitet ist, so empfinden wir die Farbe Rot. Die anderen im Sonnenlicht enthaltenen Farben werden 'aufgesaugt', die grüne Farbe zum Beispiel wird von dem Tischtuch aufgenommen und nicht wiedergegeben. Wenn wir uns nun bemühen, gleichzeitig mit der Farbe Rot auch die Farbe Grün in unser Bewußtsein aufzunehmen, dann haben wir die Einheit wieder hergestellt. Wir haben im pythagoreischen Sinne die Einheit geteilt, so daß der Rest erhalten bleibt. Wenn man das meditativ durchführt, daß man das Geteilte stets wieder zur Einheit verbindet, so ist das eine bedeutungsvolle Arbeit, durch die man in der Entwickelung hoch aufsteigen kann. Es gibt in der Mathematik einen Ausdruck dafür, der in den okkulten Schulen überall gilt:

$$1 = (2 + x) - (1 + x)$$

Das ist eine okkulte Formel, welche ausdrücken soll, wie man die Eins teilt, und wie man die Teile so darstellt, daß sie wieder die Eins ergeben. Der Okkultist soll die Teilung der

---

[6]GA 193 Seite 181f

Einheit so denken, daß er die Teile immer zur Einheit wieder zusammenfügt."[7]

Rudolf Steiner zu Statistik:

RST: "Die Menschen lieben heute in der Wissenschaft die Zahl, sie lieben aber auch im sozialen Leben die Zahl. Sehen Sie einmal die sozialistische Wissenschaft an: sie besteht fast aus lauter Statistiken. Und aus Statistiken, das heißt aus Zahlen, werden die wichtigsten Dinge geschlossen, erschlossen. Nun, auch mit Zahlen lässt sich alles beweisen und alles glauben. Denn die Zahl ist nicht ein Mittel, etwas zu beweisen, sondern die Zahl ist gerade ein Mittel, die Menschen zu täuschen. Sobald man nicht von den Zahlen auf das Qualitative sieht, über die Zahl hinwegsieht und auf das Qualitative sieht, kann man durch die Zahl am meisten getäuscht werden. (...) Aber das ist nur ein Beispiel für vieles, was da gemacht wird, und was unter Menschen überhaupt gemacht wird mit Zahlen. Zahlen sind dasjenige, wodurch Ahriman am meisten erreichen kann, wenn die Zahlen als Beweismittel angeführt, als Beweismittel angesehen werden."[8]

Über eine Spiegelung der Jahre um das Jahr 1879:

RST: "Rechnen Sie von 1879 zurück bis zu diesem Jahr, das ich oftmals als die andere Grenze bezeichnet habe. Ich habe immer gesagt: Der Kampf, von dem ich jetzt rede, hat begonnen anfangs der vierziger Jahre, etwa 1841,

1840. Rechnen Sie zurück: 1879, 1869, 1859, 1849 und etwa acht oder neun Jahre dazu, gibt also achtunddreißig oder neununddreißig Jahre. Rechnen Sie vorwärts: 1879, 1889, 1899, 1909, 1914, bis in unsere Tage hinein, gibt genau ebenso viel: gibt achtunddreißig oder neununddreißig Jahre. Würden Sie gar das Jahr 1917 ins Auge fassen, so würden Sie ein überraschendes Resultat erzielen. Sie würden begreifen, welche tiefe Bedeutung es hat, wenn der Okkultist sagt: Geht man von einem einschneidenden historischen Ereignis weiter, so wiederholt sich das vorhergehende geistige Ereignis in dem folgenden."[9]

6.2.2 Andere Rhythmen

Bei der Weihnachtstagung 1923 gibt Rudolf Steiner wichtige Rhythmen an die zusammenhängen mit dem Grundsteinspruch. Das Wesenhafte des Rhythmus und die Beziehung zum Kosmos treten auch hier in diesen drei Zitaten aus GA 260 zutage.

RST: "Sie werden finden, meine lieben Freunde, daß, wenn Sie auf die inneren Rhythmen achten, die in diesen Sprüchen liegen, wenn Sie diese inneren Rhythmen der Seele dann gegenwärtig machen und eine entsprechende Meditation, das heißt ein gedankliches Ruhen darüber in sich selber anstellen, diese Aussprüche dann zu empfinden sind wie die Aussprüche der Weltengeheimnisse, insofern diese Weltengeheimnisse in der Menschenseele auferstehen als menschliche Selbsterkenntnis."

---

[7]GA 101 Seite 179f
[8]GA 193 Seite 201f

[9]GA 174a Seite 228

10

RST: "Halten wir wiederum den inneren Rhythmus dieser Worte fest in wesenhaften Teilen." [11]

RST: "Wenn ich Ihnen so die Rhythmen im Zusammenklange aufschreibe, so ist es, weil darin wirklich ein Abbild liegt von Sternkonstellationen. Man sagt: Saturn steht im Löwen, Saturn steht im Skorpion. - Davon hängen Rhythmen ab, die durch die Welt gehen. Geistiges Ursprungsbild liegt in solchen Rhythmen, wie ich sie aus unseren Sprüchen, die durchaus innerlich geistig-seelisch organisiert sind, im Laufe dieser Tage aufgeschrieben habe." [12]

Zur Wirkung von Rhythmen mehr im Allgemeinen:

RST: "Sobald wir über das bloß Spektrale, über das bloße Gespenstische der Naturerscheinungen herauskommen, treffen wir Geistiges. Das heißt, alles Forschen nach der sogenannten groben Materie ist überhaupt ziemlich unsinnig. Wird man einmal aufgeben - und die Menschheit wird es vor dem 4. Jahrtausend tun - das Suchen nach dem Grob-sinnlichen als der Natur zugrunde liegend, dann wird man auf etwas ganz anderes kommen, dann wird man überall in der Natur Rhythmen finden, rhythmische Ordnungen. Diese rhythmischen Ordnungen sind vorhanden, nur macht sich die heutige materialistische Wissenschaft über

diese rhythmischen Ordnungen in der Regel lustig. Wir haben diese rhythmische Ordnung bildhaft ausgedrückt in unseren sieben Säulen, in der ganzen Konfiguration unseres Baues hier. Aber diese rhythmische Ordnung ist in der ganzen Natur vorhanden. Rhythmisch wächst an der Pflanze ein Blatt nach dem andern; rhythmisch sind die Blumenblätter angeordnet, rhythmisch ist alles angeordnet. Rhythmisch tritt das Fieber ein bei einer Krankheit, flutet wieder ab ; rhythmisch ist das ganze Leben. Das Durchdringen der Naturrhythmen, das wird wahre Naturwissenschaft sein. Aber durch das Durchdringen der Naturrhythmen kommt man auch zu einer gewissen Benutzung der Rhythmik in der Technik. Das ist dann das Ziel der künftigen Technik: durch zusammenstimmende Schwingungen, Schwingungen, die man im Kleinen erregt und die sich dann ins Große übertragen, durch das einfache Zusammenstimmen ungeheure Arbeit zu verrichten." [13]

6.2.3 Der Kalender

Das Vorwort Rudolf Steiners[14] zum Kalender 1912-1913 *Im Jahre 1879 nach des I-CH Geburt*:

RST: "Was gemeint ist.
     Die Zeit wird an der Veränderung der Welterscheinungen erlebt. Diese Veränderung verbindet im Weltenlaufe das Neue mit dem Alten.

---

[10]GA 260 Seite 108
[11]GA 260 Seite 185
[12]GA 260 Seite 256

[13]GA 184 Seite 295
[14]Diese und andere Texte zum Seelenkalender finden sich in *"Beiträge zur Rudolf Steiner Gesamtausgabe"*, Heft 37/38, 1972.

Dem Tag folgt die Nacht; dieser wieder der Tag. Der neue Tag läßt noch nicht Gewesenes aus dem Mutterschoße des Daseins erstehen; er wiederholt aber auch den vorigen Tag in seiner eigenen Wesenheit. In das Dunkel der Nacht dringt aufhellend das Licht des Mondes. In vierzehn Tag- und Nachtfolgen wächst es an, dann nimmt es in demselben Maße wieder ab. Auch dieses wiederholt sich immer wieder, im Neuen das Alte bewahrend. Aus dem Erdengrunde lockt die Sonnenkraft das Pflanzenleben. Dies entfaltet sich, welkt hin, zieht sich in verborgene Untergründe zurück wie das Tageslicht zur Nachtzeit, oder des Mondes Glanz in Neumondnächten, und ersteht neu; wieder im Neuen das Wesen des Alten offenbarend. Diesem sich wandelnden und im Wandel sich bewahrenden Weltenwerden steht der Mensch gegenüber. Er muss sein eigenes Erleben mit diesem Weltenleben in Einklang bringen. Die Zeitenberechnung, die dem Kalender durch die verschiedenen Völker zu Grunde gelegt worden ist, ergibt sich als der Ausdruck für diese Tatsache. In der Stellung der Gestirne zu einander drückt sich die Wiederholung des Alten in dem Neuen am charakteristischsten aus. Diese Stellungen treten immer wieder so auf, dass die neuen den alten ähnlich sind. Der Mensch kann sein Erleben zu einer bestimmten Zeit zum Ausdrucke bringen, indem er von der Stellung der Gestirne in diesem Zeitpunkte spricht. Am einfachsten geschieht dies, wenn zum Beispiel das Erleben des Morgens in die Worte gefasst wird: die Sonne geht auf. Es beruht alle Zeitberechnung im Grunde auf demselben Vorgange. Das Erleben des Frühlings kann zum Ausdrucke kommen in den Worten: die Sonne zeigt sich dem Menschenblicke in einer solchen Richtung, dass der Blick, wenn er sich nach dieser Richtung wendet, zugleich dieses oder jenes Sternbild findet. Wie nun ein bestimmtes Schriftzeichen der Ausdruck ist für einen menschlichen Laut, so kann die Sternenstellung das Schriftzeichen werden für das Erlebnis eines Zeitpunktes. Man werfe einen Blick auf eine der Seiten des folgenden Kalenders. Man nehme einen bestimmten Tag, zum Beispiel des Mai, und dann einen andern des August. Die Gesamterlebnisse, welche der Mensch an diesen zwei Tagen in seinem Zusammensein mit dem Weltenwerden hat, sind durchaus verschieden. Er kann die Verschiedenheit zum Ausdrucke bringen, indem er dazu zum Beispiel die Stellung der Sonne zu einem Sternbilde des Tierkreises auf das Erlebnis bezieht, wie ein Schriftzeichen auf seinen Laut. In den Kalendern der verschiedenen Zeitalter und Völker findet man die Stellung der Sonne im Verhältnis zu einem Sternbilde des Tierkreises in einem bestimmten Zeitpunkte durch ein symbolisches Zeichen zum Ausdrucke gebracht. So bezieht sich das Zeichen, das man für das Sternbild der Fische an einem Tage findet, darauf, daß an diesem Tage zur bestimmten Stunde der Blick, der sich nach der Sonne richtet, zugleich auf das Sternbild der Fische fällt. Werden bei einer solchen Bezeichnung charakteristische Stellungen gewählt, so hat man in der Wiederholung dieser Stellungen Grundlagen der Zeitgliederung. In den folgenden Kalenderangaben ist in den fortlaufenden Monatfiguren die Tatsache, dass der Blick, der sich bei aufgehender Sonne nach dieser richtet, zugleich auf ein Sternbild fällt, jeweilig durch eine symbolische Figur ausgedrückt. Im Jahreslaufe ändert sich dieses Verhältnis so, daß alle zwölf Tierkreiszeichen in Betracht kommen. Während eines Monats ungefähr kann die Stellung der Sonne zu einem Tierkreisbilde in Betracht kommen. Nach Ablauf des Jahres wiederholen sich annähernd dieselben Stellungen. Die Bezeichnung 'annähernd' ist berechtigt, weil im Laufe der fortschreitenden Zeit eine Verschiebung der Stellungen stattfindet. Während zum Beispiel vor Jahrhunderten der Blick zur aufgehenden Sonne im März zugleich auf das Sternbild des Widders fiel, fällt er gegenwärtig in derselben Zeit auf das der Fische. In diesem Kalender sind statt der gebräuchlichen Zeichen für die Stellungen der Sonne zu den Tierkreisbildern solche gefügt, welche das Erlebnis an den Welterscheinungen, das der Mensch bei aufgehender Sonne in den entsprechenden Monaten haben kann, in ein charakteristisches intuitives Bild bringt. So findet man in den fortlaufenden Monatsbildern Ausdrücke für die Seelen-Erlebnisse, welche ein Mensch haben kann, der die Veränderungen im Weltenwerden mitfühlend verfolgt, und sie wie in einer Schrift durch die Sonnenstellung zum Ausdruck bringt. Wie man das einfache Erlebnis: 'ich empfinde die nächtliche Finsternis dem Lichte weichen' zum

Ausdrucke bringen kann in den Worten: 'die Sonne geht auf', so würde das kompliziertere Seelenerlebnis: 'ich fühle frühlingsmäßig die Erde sich zum neuen Wachstum bereiten und Sonnenkraft zunehmen' seinen Ausdruck finden in den Worten: 'die aufgehende Sonne wird in der Richtung nach den Fischen gesehen'. Und diese Beziehung des Seelenerlebnisses zu einem Weltvorgang ist sinnbildlich in den Monatsbildern der folgenden Kalenderangaben zum Ausdrucke gebracht. Wenn man das Mit-Erleben mit dem Weltenwerden in diesen fortlaufenden Bildern empfindet, wie bei einem Schriftzeichen der entsprechende Laut ins Bewusstsein tritt, so wird man die Bedeutung dieser Bilder richtig fühlen. Auf abstrakte astronomische Verhältnisse ist dabei weniger Wert gelegt. In den Bildern, welche zu den Tagen gefügt sind, sind für den Mond ähnliche Verhältnisse charakterisiert wie mit den Monatsbildern für die Sonne. Die Zahl eines Jahres wird von je einem Teile der Menschheit jeweilig so festgesetzt, dass die Zählung begonnen wird von einem Ereignisse, das für diesen Teil der Menschheit als besonders wichtig empfunden wird. Die Juden rechnen von dem Zeitpunkte an, den sie als 'Erschaffung der Welt' bezeichnen, die Christen von der 'Geburt Jesu'. In diesen Kalenderangaben ist von dem Jahre 33-34 der christlichen Zeitrechnung an gezählt. Es wird dabei jenes Datum der Erdenentwicklung zu Grunde gelegt, das für die gesamte Menschheit ohne Unterschied von Rasse, Nation und so weiter von Bedeutung ist. Dabei ist die Annahme der 'Geisteswissenschaft' zu Grunde gelegt, welche in dem angegebenen Jahre den Zeitpunkt sieht, in welchem in die Menschheitsentwickelung die Kräfte eingetreten sind, durch welche das Menschen-Ich sich ohne Sinnbild durch die Kräfte des eigenen Vorstellungslebens in sich selbst erfassen und in ein Verhältnis zur Welt bringen kann. Vor diesem Zeitpunkte brauchte der Mensch, um sich zu erfassen und in die Welt hineinzudenken, Vorstellungen, die von der äußeren Wahrnehmung entnommen sind. Die Vorbereitung zu diesem Zeitpunkte liegt einerseits in der althebräischen Kultur, welche zuerst den 'Gott im Innern' bildlos zur Erkenntnis brachte; andrerseits im griechischen Geistesleben, das sowohl in seinen Künstlern wie in seinen Weltweisen den Zeitpunkt dadurch vorbereitete, daß es den Menschen durch Vorstellung seiner selbst als Erdenwesen erfasste und in seiner Philosophie das Weltwerden nicht durch äußere Bilder, sondern durch Vorstellungen charakterisierte, die allein dem Menschen-Innern als denkendem Bewusstsein entstammen (Thales bis Aristoteles). Das christliche Bekenntnis brachte die Empfindung gegenüber dieser Menschheitstatsache dadurch zum Ausdruck, daß es in den entsprechenden Zeitpunkt 'Tod und Auferstehung Christi', das 'Mysterium von Golgatha' versetzte. Von diesem an sind in den folgenden Angaben die Jahre gezählt. Und in Anlehnung daran ist der Erinnerungstag an dieses Jahr als der erste in der Jahres-Zählung angenommen. Ob dazu ein Recht vorhanden ist gegenüber der

Zählung vom ersten Januar an, darüber kann man selbstverständlich streiten. Hier soll dies nicht geschehen. Die Jahres-Erinnerungstage streben naturgemäß nirgends eine Vollständigkeit an. Sie sind so mit den Namen versehen, dass das Angeführte demjenigen nützlich sein kann, der den geistigen Entwicklungsgang der Menschheit verfolgen will."

6.3 Anmerkungen

1. Das Wichtigste zum 33-Jahre Rhythmus findet sich in den ersten vier Vorträgen, um Weihnachten 1917, in GA 180, *"Mysterienwahrheiten und Weihnachtsimpulse - Alte Mythen und ihre Bedeutung"*, gehalten in Basel und Dornach, 1917-18, stenographiert von Helene Finckh, das Originalstenogramm ist erhalten; wir zitieren aus der 2. Auflage, 1980.
   Weiteres finden wir in GA 185 Seite 93 und in GA 194 ab Seite 210.

2. Das Zitat stammt aus dem Buch der Weisheit, auch genannt Die Weisheit Salomos; ein deuterokanonisches oder apokryphes Buch des Alten Testaments - Kapitel 11 Vers 21: *"Aber Du hast alles nach Maß, Zahl und Gewicht geordnet."*

3. Wir haben einerseits die Zeitspanne von Weihnachten bis Ostern. Andererseits geht im neuen Kalender von Rudolf Steiner das Jahr von Ostern zu Ostern. Zur Durchschnittslänge von $32\frac{1}{4}$ Jahren von Weihnachten bis Ostern, können wir neun Monate hinzudenken, dann kommen wir auf 33 ganze Jahre.

Die neun Monate können wir vor dem ersten Weihnachten oder nach dem letzten Ostern hinzudenken. Bei der ersten Möglichkeit wäre der Anfang dieser Zeitspanne dann wie eine Art Konzeptionsmoment. Dieser Gedanke ist auch dargestellt in Abbildung 2.1.

4. Darauf wurde nicht reagiert.

5. Der *"Förderkreis des Kalender-Impulses Rudolf Steiners"* publiziert jährlich den Kalender der von Ostern bis Ostern geht. Letzter verifizierter Kontakt: art8kunst@protonmail.ch

6. Das Datum der Kreuzigung wird von Rudolf Steiner unter anderem in GA 143 Seite 163 angegeben:

RST: "An einem Freitag, am 3. April des Jahres 33, drei Uhr am Nachmittag fand das Mysterium von Golgatha statt".

Dabei ist zu berücksichtigen, dass dieses Datum hier offensichtlich auf der Basis des Julianischen Kalenders beruht, der im Jahr 1582 durch den heutigen Gregorianischen Kalender abgelöst wurde. Nach dem letzteren würde dieser Tag der Kreuzigung dem Datum des 1. April 33 entsprechen. Bei der Kalenderumstellung im Oktober 1582 wurden damals einmalig 10 Tage übersprungen und gleichzeitig die Bestimmung der Kalenderdaten verbessert. Bei dem Sprung wurden aber die Tage der Woche nicht berührt, sie laufen kontinuierlich weiter, so dass es vom Ur-Ostern am Sonntag dem 5. April 33 (Julianisch) bis Ostern sagen wir im Jahr 2020 (am 12. April, Gregorianisch)

eine ganze Zahl Wochen gibt (in diesem Fall 103678 Wochen). Auch diese Tatsache gibt der Woche einen besonderen Status.

7. Die Christengemeinschaft, Bewegung für religiöse Erneuerung https://christengemeinschaft-international.org/

8. Wenn wir uns an Jerusalem als Osterbestimmungsort halten, könnte auch ein Osterdatum festgelegt werden, das für die ganze Erde gelten würde. Wenn man aber in Dornach auf die Uhr sehen will, ob es in Jerusalem 15 Uhr ist, muss man sich nach der Zeitzone orientieren; der Unterschied ist eine Zone (siehe zum Beispiel www.timeanddate.com), also eine Stunde (ohne Sommerzeitenkorrektur). Das heisst, dass wenn es in Dornach 14 Uhr ist, dann ist es in Jerusalem 15 Uhr (obwohl in Dornach der Sonnenstand dann fast zwei Stunden Unterschied hat mit Beziehung zu Jerusalem). Geographische Daten: Goetheanum, Dornach: 47.486299 Nord und 7.620377 Ost Grabeskirche, Jerusalem: 31.778782 Nord und 35.229632 West

9. Wir weisen hier noch hin auf eine Bemerkung von Dieter Hornemann zum Spruch der Karwoche in seinem Buch zum Seelenkalender "Mit der Erde atmen lernen" (Verlag Urachhaus):

HORNEMANN: "Der Spruch der Vorosterwoche ist zu dem Spruch der Osterwoche spiegelbildlich aufgebaut. An ihm sehen wir besonders deutlich, dass der Seelenkalender nur indirekt mit dem Kreislauf der Christlichen Feste zusammenhängt. Von daher wird verständlich, dass Rudolf Steiner auf Anfrage riet, die Reihenfolge auf der Süd-Erde umzudrehen, also zu Michaeli mit der Osterwoche zu beginnen."

Ob dieser Rat auch anderswo dokumentiert ist, wird nicht erwähnt.

10. Im Hebräischen ist der Name für den Sonntag: *erster Tag der Woche*.

11. Der genaue Zeitpunkt der Auferstehung ist im Neuen Testament nicht erwähnt. Die Entdeckung des leeren Grabes aber wohl, zum Beispiel im Markus Evangelium, 16. Kapitel:

MARKUS: 1 "Und als der Sabbat vorüber war, kauften Maria Magdalena und Maria, des Jakobus Mutter, und Salome Spezereien, um hinzugehen und ihn zu salben.
2 Und sehr früh am ersten Tage der Woche kamen sie zur Gruft, als die Sonne aufging.
3 Und sie sagten zueinander: Wer wälzt uns den Stein von dem Eingang der Gruft?
4 Und als sie aufblickten, sahen sie, daß der Stein weggewälzt war. Er war nämlich sehr groß.
5 Und sie gingen in die Gruft hinein und sahen einen Jüngling zur Rechten sitzen, bekleidet mit einem langen, weißen Gewand; und sie erschraken.

6 Er aber spricht zu ihnen: Erschrecket nicht! Ihr suchet Jesus von Nazareth, den Gekreuzigten; er ist auferstanden, er ist nicht hier; sehet den Ort, wo sie ihn hingelegt hatten!

12. *"Die Grüne Schlange"*, Seite 24; Verlag Freies Geistesleben. Hier zitiert nach GA 158 Seite 250.

13. Die Daten der Sonnenflecken stammen aus: WDC-SILSO, Royal Observatory of Belgium, Brussels.
http://www.sidc.be/silso/

14. Zur Gaussregel siehe zum Beispiel Joachim Schultz, *"Rhythmen der Sterne"* (vergriffen), oder im Internet, zum Beispiel
https://de.wikipedia.org/wiki/Gaußsche_Osterformel

15. In: *"Beiträge zur Rudolf Steiner Gesamtausgabe"*, Heft 37/38, 1972; Seite 4.

16. Wir haben überprüft, ob bei unseren Berechnungen künstliche Resultate entstanden sind, die auftreten können wenn wir mit zu wenig Zahlen arbeiten. Deshalb haben wir zum Beispiel auch Berechnungen über 1000 Jahre ausgeführt. Die Resultate ändern sich dabei kaum, und dies bestätigt die Richtigkeit unserer Berechnungen.

17. Mit Dank an Paul Heldens für den persönlichen Austausch.

18. Für die Herstellung dieser Tabellen haben wir folgende Methode zur Berechnung von Rhythmen bei Umlaufzeiten genützt:

Wann treffen zwei Himmelskörper sich am Himmel? Nehme

$t = Zeit$ in Jahren und

$\omega = Umlaufgeschwindigkeit$ in Umläufe pro Jahr,

dann muss für den Fall einer Konjunktion gelten, dass beide die gleiche Anzahl Umläufe zurückgelegt haben:

$\omega_1 \times t + n_1 = \omega_2 \times t + n_2$.

wobei die ganze Zahlen n angeben wie viele ganze Umläufe inzwischen verlaufen sind.

Dann gilt mit

$T = 1/\omega = Umlaufszeit$

für die erste Konjunktion, dass

$t = \frac{T_1 \times T_2}{(T_1 - T_2)}$.

Für Saturn (mit 29.46 Jahren Periode) und Jupiter (11.86 Jahre) ergibt sich 19.85 Jahre oder 19 Jahre und 7 Monate.

19. Der Verfasser kennt sich gut aus mit dem Entwurf von normalen Teleskopen, er hat unter anderem gearbeitet an dem optischen Entwurf des Weltraumteleskops Athena vom European Space Agency (geplanter Lancierung rund 2030).
https://sci.esa.int/web/athena/

20. Mit Dank an Ben van Tilborg, der in persönlichem Austausch interessantes darüber geschrieben hat, das als Grundlage diente für diese Zeilen.

21. Über dieses Thema haben viele Autor:innen geschrieben; manche sehr ausführlich.

Meistens wird ein $33\frac{1}{3}$ Jahre Rhythmus dargestellt mit seiner Wiederholung nach 100 Jahren, anstatt dem 33-Jahre Rhythmus so wie wir ihn bei Rudolf Steiner finden und wie er in dem vorliegenden Text beschrieben worden ist.

Wir haben uns entschlossen nicht in Detail auf alle einzugehen; es würde dieses Buch um sehr viele Seiten ausdehnen und viel Zeit in Anspruch nehmen.

Sicher soll man die Forschungsresultaten und Meinungen der anderen kennen und ernst nehmen, etwas anderes ist sie schriftlich wiederlegen zu müssen.

Eine unvollständige (alphabetische) Liste der Autor:innen : Walter Bühler, Ormond Edwards, Jens Göken, Werner Greub, Paul Heldens, Ernst Lehrs, Hans Peter van Manen, Thomas Meyer, Marcel Nordlohne, Robert Powell, Joachim Schultz, Max Stibbe, Peter Tradowsky und andere.

Eine ausführliche Literaturliste (Stand 2011) findet sich in einem Übersichtsartikel zu diesem Thema von Göken: "Das Gesetz der 3 x 33 Jahre" in Gegenwart, Nummer 2, 2011.

22. Über den Verfasser:
Dr. Frank Spaan, Dornach (CH), hat Astronomie, Physik und Mathematik an der Universität von Utrecht (NL) studiert, einen PhD in Bildbearbeitung erlangt an der Technischen Universität Delft (NL), jahrelang an verschiedenen Universitäten geforscht (NL, GB), dutzende Male publiziert, unter anderem in den wichtigsten astronomischen Fachzeitschriften A&A und ApJ (mit Review in Nature), ist seit

2004 Mitglied der Anthroposophischen Gesellschaft und Hochschulmitglied, Initiativnehmer
und Berater für Astronomie beim Elisabeth
Vreede Institut, Den Haag[15] (NL), ist re-
gistriert als Mentor für Astronomie bei der
Freien Akademie in Dornach[16] (CH) und forscht
in der Anthroposophischen Astronomie[17]; auch
ist er als Künstler tätig[18].

[15] https://evreedeinstituut.nl/
[16] www.freieakademie.info/selbstbestimmt-studieren
[17] https://lanz-spaan.ch/Astronomie/
[18] https://lanz-spaan.ch/spiritincolour/

Abbildung 6.1: *Die Rudolf Steiner Gesamtausgabe - https://www.steinerverlag.com/ch/* *im Bücherschrank für die Gesamtausgabe - https://lanz-spaan.ch/Rudolf-Steiner-Bücherschrank/*